微信营销与运营

公众号、微商与自媒体实战揭秘

孙健 著

电子工业出版社·
Publishing House of Electronics Industry
北京·BEIJING

内 容 简 介

这是一本写给草根看的微信营销与运营"教科书"，讲述微信从注册到运营的整个过程中大量鲜为人知的操作技巧，这些技巧的归纳和总结，能够让微信营销从业者节约大量的摸索时间，规避潜在的风险，提高微信营销与运营工作的效率。

首先介绍最基础的微信公众号知识，包括注册、起名、选择公众号类型、设置微信号及公众号页面排版与美化等，探讨微信从业者需要拥有的基本素质，以及如何在这些简单的环节不踩上"地雷"。其次讲解微信公众号的定位和内容形式，包括以什么形式发布信息、如何成为优秀的标题党、社会热点怎么跟、如何写好一篇软文等。再次讲述微商兴起的来龙去脉，以及形形色色的微商操作方法，深度模拟一次微商面膜的生产过程和营销过程，你将知道为什么面膜成为微商的最爱。接着讲解微信自媒体的操作方式，你将看到自媒体是如何异军突起的，了解自媒体是如何炼成的，以及自媒体的收入方式。最后介绍微信线上和线下推广的各种方法，其中不乏将让你大开眼界的各种奇葩的推广方式。

图书在版编目（CIP）数据

微信营销与运营：公众号、微商与自媒体实战揭秘 / 孙健著. —北京：电子工业出版社，2015.10
ISBN 978-7-121-27155-7

Ⅰ. ①微… Ⅱ. ①孙… Ⅲ. ①网络营销 Ⅳ. ①F713.36

中国版本图书馆 CIP 数据核字（2015）第 216002 号

责任编辑：董　英
印　　刷：北京虎彩文化传播有限公司
装　　订：北京虎彩文化传播有限公司
出版发行：电子工业出版社
　　　　　北京市海淀区万寿路 173 信箱　　　　　　　　邮编：100036
开　　本：720×1000　 1/16　　印张：18.25　　　　字数：280 千字
版　　次：2015 年 10 月第 1 版
印　　次：2021 年 1 月第 13 次印刷
定　　价：49.00 元　　　　　　　　　　　　　　　印数：20201－20500

凡所购买电子工业出版社图书有缺损问题，请向购买书店调换。若书店售缺，请与本社发行部联系，联系及邮购电话：(010) 88254888，88258888。
质量投诉请发邮件至 zlts@phei.com.cn，盗版侵权举报请发邮件至 dbqq@phei.com.cn。
本书咨询联系方式：010-51260888-819　faq@phei.com.cn。

前　言

很多人刷过无数遍朋友圈，读过马云、李嘉诚、雷军等大咖无数条"朋友圈语录"，对小米、阿里巴巴、锤子科技等企业的创业故事了如指掌，却依旧做不好微信营销。

成功者的故事读起来总是令人亢奋，但总是学不到具体的操作方法，即使具体到微信营销领域中，那些出类拔萃的案例背后拥有的资源和实力，也让普通微信创业者望尘莫及。

与其临渊羡鱼，不如退而结网。微信营销作为新生事物，从注册到运营的整个过程中，有大量的操作技巧鲜为人知。这些技巧的归纳和总结，能够让微信营销从业者节约大量的摸索时间，规避潜在的法律风险，这也是本书的基本出发点。

因此，这是一本写给草根看的微信营销教科书。

也许你对移动互联网懵懵懂懂，也许你对微信公众号、微商、微信自媒体一无所知，也许你只想找一份相关的工作，也许你只是稍稍有点好奇；但是，感谢你的好奇心，每一次好奇心的萌发，都可以开启一段新的人生旅程。

也许几十年之后，当我们回首往事时才会发现，我们此刻恰恰正处于移动互联网时代的最开端，处于人类大变革的最开端，处于处处充满机会的移动互联网元年！或许这是最坏的时代，或许这也是最好的时代，我们的每一次好奇与求索，都是在参与和探索这个伟大的时代。

本书中我们将从最基础的微信公众号知识开始我们的微信营销之旅。

第 1 章，我们将探讨微信从业者需要拥有的基本素质。作为一个三年前几乎并不存在的职业，这意味着我们很难从学校教育中学到微信营销岗位的任何知识。因此，学习能力是每一个微信营销从业者的基本素质。

第 2 章，我们了解如何注册微信公众号。我们将学到如何开始注册、如何给公众号起名、如何选择公众号类型、如何设置微信号及公众号页面排版与美化等基础知识。看似最简单的基础知识环节，却暗藏不少"地雷"，稍有不慎就会踩上并造成损失。例如，很多人认为微信公众号最好要经过官方认证来提高公信度，却不知道一旦将企业或组织的公众号进行官方认证，该账号的法律主体就会明确，从此该账号发布的图片和内容一旦涉及版权问题，那么很容易引发版权纠纷。简单地说，微信运营者在百度上随意搜索一张照片并使用，很有可能该图片就是图片版权方故意放出的，该图片的版权方可以直接根据微信号认证资料起诉使用者。在新浪微博上，同类案例已经屡见不鲜。可以说，本书提供的规避方法中的每一个字都是用金钱和时间换来的。

第 3 章，我们将了解微信公众号的定位和内容形式。我们以什么形式发布信息？到底如何成为优秀的标题党？社会热点到底跟不跟，怎么跟？如何写好一篇软文？等等。想必这些问题也困扰过大部分微信营销从业人员，而这些问题其实并没有标准答案，我们只是把最好的实践结果呈现在你的面前，由你自己做出最利于自己的选择。

第 4 章，我们将了解微商兴起的来龙去脉。我们将看到形形色色的微商操作方法，探讨为什么有些微商喜欢说"今天你对我爱理不理，明天我让你高攀不起"。我们将深度剖析微商实战应注意的细节，从一个头像、一个昵称、一个封面开始提升微商的"逼格"。我们还将深度模拟一次微商面膜的生产过程和营销过程，你将知道为什么面膜成为微商的最爱。看完本章之后，也许你从此以后不会在微信上再购买一次面膜，也许你会马上去生产一款微商面膜，同样的信息，每个人都会有不同的解读角度。

　　第 5 章，我们将了解微信自媒体的操作方式，我们将看到自媒体是如何异军突起的，了解自媒体是如何炼成的，以及自媒体的收入方式。对于自媒体来说，微信只是目前已知最好的传播和聚集粉丝的工具之一，而自媒体存在的价值一定是高价值信息的流动和各种个人情绪的寄托与排解。从操作难度上排序，做好自媒体要超过微商和微信公众号，因为自媒体需要极大的人格魅力，自媒体就是人格魅力的变现之处。

　　第 6 章，我们将熟悉微信线上推广的各种方法。在这些推广方法中，很多方法我们已经耳熟能详，也有很多方法我们可能闻所未闻，毕竟互联网之大，甚至超越大部分互联网从业人士的想象。所以你能在本章看到各种最最草根且接地气的推广方式，尤其是很多微商的推广方法，可以说让人防不胜防，绝对让人有所启发。

　　第 7 章，我们将学习如何进行线下推广。单纯的互联网时代已经逐渐过去，互联网发展的金矿就是对现有世界的互联网化改造，而线下推广是互联网接触实体世界的第一站。只要有人流聚集的地方，都可以成为推广的场所，比如学校、宾馆、写字楼、机场等。很多传统企业多年积累的推广方式，非常值得互联网团队学习。

　　人生就是一场创业，而创业永远没有教科书。开始的时候你的目标只是想做到 A，而当你坚持下去的时候，外部条件和内部因素不断发酵，可能你在经历 B 和 C 之后，最终让你成功的已经是目标 D。此时再去分析目标 A 如何如何已经毫无意义。各种专家教授们永远不会从目标 A 推算到结果 D，这就是创业的魅力之处！

　　万事开头难，任何一件事，只要开始去做，就成功了一半。而成功的路上其实并不拥挤。

自　　序

当我看到很多互联网书籍不厌其烦大谈特谈阿里巴巴、腾讯、小米等知名企业的成功案例时，我会发现这些成功案例和我一毛钱关系都没有。就像我可以轻易地就能查到飞机上升原理，却很难得到美军 F35 战斗机设计图一样。"知道"和"做好"之间相隔万水千山。这类书籍让读者看到的只是企业成功之后的高大上，而成功的过程却总是语焉不详。

当我看到所谓的微商大 V 的派头超过知名经济学家的时候，我会发现中国微信营销界充斥着荒诞的神话故事。一将功成万骨枯，很多所谓的微商大 V 致力于让他的关注者相信的故事就是——做了微信之后傻子都能挣钱，并以此筛选出能够上钩的"傻子"。以至于连微博红人"@留几手"都把黑微商作为"政治正确"的文章内容。

以上本来只是个人对移动互联网的一点思考，但在非常偶然的一个机会，我有幸认识了电子工业出版社的董英女士，在她的支持和鼓励下，我决定写一本接地气的微信营销书籍。可以说没有董英女士的支持，就没有本书的面世。

互联网之大，远远超过很多互联网人士自己的想象，我们耳熟能详的阿里巴巴、百度、腾讯、360、小米等只是冰山上高耸的冰峰，水面之下还有冰山庞大的身躯，这才是冰山的主要部分，这也是大多数普通互联网从业者的落脚之地。当然，在冰山水面之下，还有大量游走在法律边缘的"黑冰"存在，对于大部分普通的互联网人士来说，这彷佛又是另一个世界，即使他们都是以互联网为生。

互联网的下一个金矿，毫无疑问就是对传统行业的互联网改造，单纯的互联网时代已经过去。我们都亲身体验到以支付宝为代表的互联网金融带来的颠覆式的金融体验，我们都亲身体验到了打车软件对出租车利益格局的完全打破。随着社会的不断进步，先进生产力和生产关系一定会不断淘汰落后生产力和生产关系，这是历史的必然。这也是我今后努力的方向。

在如此深刻而复杂的社会变革时代背景下，很多传统企业感到惶恐与无助，其实大可不必如此。互联网不是万能的，传统企业也不是万万不能的。实际上，消费者并不是在实体店和电子商务之间做二选一，消费者只是在选择一种对他利益最大化的解决方案；因此在某种意义上来说，互联网只是一种工具，这种工具对于任何人都是一样的起点，当然也包括传统企业。

在本书中，你将看到微信公众号、微商和微信自媒体的实战操作细节，你将看到各种常规和奇葩的线上线下推广方式，只要有任何一点细节能够启发到你，相信以此节约下来的时间和精力将远远超过了这本书的价格。

在此，我由衷感谢我的授业恩师贾秉强老师和李晓园老师长期以来对我的指导和宽容；贾秉强老师对市场和营销的把握令人着迷，李晓园老师对培训的领悟独领风骚。我还要感谢我的领导张照宏先生和王莹女生，张照宏先生是中国美妆行业第一位特斯拉车主，由此可见他是一位活在未来的先行者；王莹女士一直是美妆行业当之无愧的领军人物。

同时还要感谢我的伙伴杨宏、李潇等诸位，在此不一一列名，只要我们多努力一点，整个行业就会更好一点。本书中，还摘录了相关领域朋友的分享，如@郑正的正、@刘建亮、@秀米网杨晶和@周勇等朋友；他们的分享让本书更加生动翔实，在书中相关章节中都有详细介绍，在此一并致谢！

最后，本书献给我的爱人叶丽姗小姐，这也是我送给她的新婚礼物之一。

孙健

2015 年 8 月 28 日于杭州下沙

未来已来

　　未来，一切都会智慧起来，科学技术永远是推动人类发展的第一生产力。互联网推动人联网，人联网催化物联网，物联网孵化各个行业细分的 O2O 生态体系。微信作为即时沟通工具极大地降低了沟通成本，一切越来越趋近于零边际成本。"协同共享"主导人类社会，一切都在发生着质的变化。

　　90 后 00 后们，作为互联网的原住民，从出生后不久就开始接触互联网。他们对互联网有极强的心理依赖感，他们对互联网有从小就关联起来的天然安全感。互联网不仅仅是 90 后和 00 后的工具，甚至可以理解成他们感知世界的"器官"；这也是为什么在断网的情况下，很多年轻人就立刻变得无所适从。这些年轻人的生活方式就是"万物互联"——随时随地查询、随时随地购物、随时随地沟通。这些新的变化，对传统企业来说，我认为更多的是一次新的机遇。

　　现在即未来，每个人都充满了无限可能。我们有幸参与其中，我们有幸站在人文精神的高度思考着接下来的变革；对于任何一种新兴工具，我们必须学习并掌握。孙健在工作之余勤于思考，在实践中不断探索和研究，希望他的这本书能够给大家带来指导和帮助。

贾秉强

2015 年 8 月 30 日于杭州

贾秉强：资深营销实践专家，高级培训讲师，十余年快消品营销经验，《商界》杂志特邀创业讲师，《商界》年度专栏作家，独立撰稿人。必汇美平台创始人。

有趣就是阅读力

人们都喜欢读一些有趣的东西，哪怕作为一本工具书，一本历史类书籍，也应力求有趣，力求接地气讲人话。就像当年明月写的《明朝那些事儿》被一版再版，就是把历史通俗化，让男女老幼都能看得津津有味。优秀的作者总是能在枯燥的事物中找到有趣的线索，力求把一筐枯燥烹饪成饕餮盛宴。

孙健的这本书写的就是移动互联网与微信那些事儿，言简意赅、通俗流畅，且颇有趣味。一个有幽默感的人一定是一个有智慧的人，他多年的磨砺终有收获，当然这仅仅是一个开始。世间原本就没有那么多的高大上，屌丝横行的年代就该读一些接地气的书。毫无疑问，本书的作者就是一名屌丝，因为只有屌丝才会知道书中奇奇怪怪的屌丝运营方法。

水煮微商，麻辣互联网。这本书可以帮助很多人瞬间搞懂这个时代，而且一路读来甚感轻松，不用死那么多脑细胞。所以这是一本写给草根看的书，随意翻阅，不时有恍然大悟之感。

孙健先生能写也能讲，和我也算是师生之缘，我对他的惊喜和期待会一直持续下去，希望你们也如此。

李晓园

2015 年 8 月 31 日于成都

李晓园：高级培训讲师，安东尼罗宾老师和许宜铭老师的杰出弟子，十八年培训讲师生涯。现任杭州穿透力营销策划有限公司总经理，必汇美平台创始人。

传统营销已死

如今，当传统企业还在为在电视上花了几百万元的广告费、投了几千万元的冠名费而沾沾自喜时，消费者可能正在追着朋友圈的一篇文章点赞，或是在向朋友分享着刚发现的好玩的H5，根本无视传统品牌商们的"自嗨型"金钱游戏。面对传统营销方式逐渐失效的困境，所有的传统企业都将面临着根本性的转型危机。

营销真的就只是为了销售吗？传统的广告营销都将被颠覆。在移动互联时代的今天，人与人之间的关系越来越透明，任何传播都不再是自上而下的自说自话，而是来自消费者群体最真实的声音。"消费者影响消费者"这种趋势不可阻挡，口碑传播对于企业来说变得愈来愈重要。与其抄袭小米的粉丝经济、黄太吉的互联网思维、雕爷牛腩的情怀营销等案例，不如更多地在思考上下功夫，不如更多地在产品品质上下功夫，不如直面消费者的本质需求。

新时代的80后90后00后人群，他们更习惯于搜索、了解、交流与分享，而对于商家的广告轰炸并不感冒。所以说传统营销已死，基于消费者口碑传播的微信营销将带来更多的与消费者的互动，对企业来讲将是一次新的机会。学会更好地运用微信这种新工具，就是以一种更容易的方式建立与消费者之间的关系。这也是所有未来企业的基础技能。

本书作者孙健，一个互联网时代的原住民，从微信公测开始便深耕于微信营销，以实际行动践行着共享经济，又将其丰富的实战经验浓缩成一本书。我相信这本书会让你在自己的微信营销中少走不必要的弯路，对你的企业在移动互联时代的转型大有裨益。

张照宏
2015 年 8 月 31 日于沈阳金廊

张照宏：超级零售发烧友，十余年零售设计经验，现任必美道具有限公司总经理，必汇美平台创始人。

目　录

第1章
微信营销是人干的吗

随意打开一个招聘网站，在职位搜索栏输入"微信"（如图1-1所示），不必刻意选择北上广深这些一线城市，我们随机选择徐州、绵阳等二三线城市，都能搜出一排排空缺的岗位，比如微信运营专员、微信推广专员、新媒体微信编辑、微信技术开发等。而在三年之前，以上这些以微信开头的工作岗位，根本不存在！

图1-1

这些三年前根本不存在的岗位，意味着你很难从学校教育中学到准确的岗位知识。而这些新职位从无到有、从少到多的过程，恰恰证明市场对相关职位的需求越来越大。

互联网已经不再是一个单独存在的行业，互联网已经像水力、电力、天然气和土地一样，成为了基础设施。我们所有人都在把互联网作为基础设施来使用：我们在互联网上工作，我们在互联网上学习，我们在互联网上娱乐，我们在互联网上交友……互联网正在以惊人的速度链接一切、改变一切。

人在哪里，企业的触角就要伸到哪里。现在越来越多的传统企业也投身互联网的浪潮之中，也许十年之后，再也听不到电子商务企业这个说法，因为每一家企业都是电子商务企业。这意味着海量的工作机会和海量的创业机会。而且随着互联网对世界改造的不断深入，熟练使用互联网也将像开车一样成为基本技能。

可以判断，未来会有更多的传统企业加入移动互联网营销的浪潮中，会有越来越多的年轻人在微信中创业；尤其是李克强总理在 2015 年两会上明确提出了"互联网+"的概念，从政府层面上大力支持互联网的发展。而微信营销也必将是大多数企业的必备推广手段之一。

所以，无论是从创业的角度，还是找工作的角度，我们都需要深度了解微信，玩转微信。

1.1　什么样的人适合做微信营销

做微信营销需要哪些技能点？我们在招聘网站上，以"微信营销"作为岗位关键词，看看出现的招聘广告上面是怎么要求的。

招聘要求 1

公司：北京 XXXX 传媒有限公司

职位职能：网站营运专员　市场/营销/拓展专员

岗位职责：

1. 负责公司官方微信内容的更新、维护、管理；

2. 提高优质粉丝、转发和评论数量，引导粉丝积极参与，阶段性开展微信活动；

3. 制定相关产品月度和季度的阶段性微信宣传策略；

4. 充分运用各种知识和手段对微信加以宣传与推广；

5. 建立公司微信拍卖的相关信息。

任职资格：

1. 本科以上学历，营销、广告、艺术、新闻、中文等相关专业；

2. 一年以上大型门户网站或电子商务互联网推广工作经验；

3. 熟悉互联网和微信，了解目前群体网民心态，有良好的商业嗅觉和价值判断；

4. 熟悉微信并能够参与和制造热点话题。

福利待遇：

　　我公司提供福利待遇。基本工资 2600~16000+ 提成 + 社保 + 绩效奖金 + 年终奖+ 年底双薪（13 个月工资）+ 年假，带薪享受国家法定节假日。

　　注意：新员工试用期 3 个月，工作满一年享受年假 7 天。

招聘广告 2

公司：广州 XXXX 科技有限公司

岗位：微信营销专员

薪酬福利：带薪年假　五险一金　奖金丰厚　年终分红　节日福利　定期体检　员工旅游

职位职能：市场/营销/拓展专员　网络推广专员

岗位描述：

1. 负责企业微信、微博公众号的日常运营工作，增加粉丝数，提高关注度；

2. 公司现有数据库的管理；

---

3. 与微信、微博粉丝互动，策划并执行相关线上和线下的推广活动，通过有效运营手段提升关注度，达成营销目标，提高粉丝活跃度；

4. 分析微信、微博运营效果，负责制定活动策划，提升公司品牌影响力；

5. 深入了解互联网，有效运用各种互联网平台进行链接和分享。

职位要求：

1. 大专及以上学历，专业不限；

2. 具有一定的文字功底，具有较强的理解能力及表达能力；

3. 具备良好的数据分析能力，具备一定的市场分析及判断能力；

4. 对互联网及社会热点事件敏感，能够准确把握用户需求，并及时做出响应；

5. 具备团队合作精神，能独立思考并解决问题，具有创新精神和跨部门协助工作意识；

6. 拥有良好的职业道德，对待工作有责任感，有清晰的规划；

7. 对工作有冲劲和激情，头脑清楚，思维正向；

8. 有手机移动端和 PC 端、微信/微博推广工作经验者优先；

9. 善于数据库营销者优先。

招聘广告 3

职位职能： 市场/营销/拓展专员 文案/策划

职责：

1. 基于社会化媒体平台（微信公众号等）撰写软文、策划活动，为一线导购员提供最新的产品知识及市场信息；

2. 设计并开展产品评测，从用户体验的角度分析产品价值和利益。

要求：

1. 对手机、家电、互联网等软硬件产品有浓厚兴趣（我们相信兴趣是最好的老师）；

2. 有强烈的学习意愿和创新意识（这不是一个循规蹈矩的工作，需要不断自我革命）；

3. 有深厚的文字功底，擅长各种风格文体的写作（能在小清新、萝莉范儿、科技控、高端黑之间自由切换）；

4. 有较强的英文阅读能力（我们的客户主要是世界 500 强企业，提供的资料大多数是英文的）；

5. 本科及以上学历，2 年及以上工作经验。

优先考虑：

   1. 有市场营销工作经验者；

   2. 有科技类网站编辑、论坛管理经验者；

   3. 有销售经历者。

从上述摘录的三则招聘广告中，可以看到企业对微信营销岗位的实际需求，其中并没有太多的硬性门槛，对工作经验的要求也不高。这说明微信运营（新媒体运营）的行业岗位基数大，也意味着想要取得优异成果，必须掌握充分的实践技能。

每个人的时间都是有限的，我们学习的技能点不能乱。下面结合实际应用，总结出微信营销运营四个基础技能点。

1.1.1 技能点 1：好奇心

好奇是一种本能，只是往往被我们刻意掩盖。小孩子对世界的一切都很好奇，会有十万个为什么。可是很多人长大之后，却往往假装什么都懂。在很多情况下，我们不为自己的无知而羞愧，而为别人指出自己的无知而愤怒。

好奇是内在的学习动力，互联网时代日新月异。当新浪微博如日中天的时候，没有人会想到微信会横空出世，为整个腾讯抢到了移动互联网的船票；当淘宝 PC 端傲视群雄的时候，微商微店却异军突起，让移动端购物渠道之争突生变数。

微信营销人员，面对的是层出不穷的互联网新玩法，如果没有好奇心去探究，那么必将落后于时代。

1.1.2 技能点 2：学习力

学而不思则罔，思而不学则殆。微信运营者面对的是一个崭新而时刻变化的互联网环境。

每一个沟通平台都有基础基因，比如淘宝的基因是交易平台，腾讯的基因是社交平台，新浪的基因是新闻平台，百度的基因是搜索平台。

当微信营销试图把交易（微商电商）、社交（微信交流）、新闻（微信传播自媒体）都集中在一起的时候，需要综合的学习能力。你需要知道淘宝刷单是什么意思，你需要知道如何做一个优秀的标题党，你需要知道人性的弱点有哪些。而这些不仅仅是学会简单的微信公众账号编辑技巧就能够应对的。

在微信营销之路上，基本没有行业前辈的指点，因为所谓的前辈三年前与你一样懵懵懂懂。所有人都是第一次面对移动互联网的世界，只能靠自己的探索和总结，不断摸索出行之有效的方法，这一切的基础，都需要有很强的学习能力。

1.1.3　技能点 3：文笔能力和设计能力

好奇心和学习力是我们的理论基础，文笔能力和设计能力是实现我们目的的工具。工具性的能力是可以通过不断学习而日臻完善的。没有人天生就有好的文笔，也没有人天生就会 PS。

一个好的微信公众账号的运营者，编辑工作量是巨大的。从选题、采编、撰写、排版、配图、发布，再到内容反馈、用户互动以及数据分析，每天的工作量巨大而烦琐。

一个优秀的微商卖家，需要参与到寻找粉丝、沟通粉丝这一系列流程中，需要好的软文能力和沟通能力。

一个优秀的微信自媒体，更是以文立身，文笔功底的重要性不言而喻。

而在完整的微信团队没有建立之前，微信运营者往往需要独立完成上述流程。尤其考验文笔能力和设计能力，需要写出有张力的文字，需要设计排版出得体的页面。真的是既要里子又要面子。

能打动人心的内容永远是稀缺的资源，赏心悦目的排版更容易被用户接受，就像写字好看的考生，在考试时总是受到阅卷老师的欢迎一样。通常情况下，熟练使用美图秀秀就能应对大部分设计需求。而做到文笔老练，需要有大量的阅读基础，需要大量的实践，短时间速成很难做到，不过完全可以从模仿优秀案例开始。

1.1.4　技能点 4：懂营销

微信营销，从字面上简单理解：微信是工具，营销是目的。学会微信不难，学会营销很难。美国市场营销协会对市场营销的定义是：市场营销是在创造、沟通、传播和交换产品中，为顾客、客户、合作伙伴以及整个社会带来价值的一系列活动、过程和体系。

微信营销人员，需要通读基础营销书籍，例如《市场营销》《定位》等。如果有时间，最好还能读点心理学的书籍，例如《社会心理学》《心理学与生活》和《普通心理学》等。因为营销就是利用人性，你既可以利用人性的弱点，也可以利用人性的优点。此时微信就是工具，通过营销的学习我们需要把这个工具发挥到极致。

有好奇心、爱学习、会技能、懂营销这四点是微信营销运营人员必备的技能点。在接下来的章节中，我们会从微信基础知识和营销方法上具体阐述。别人能做到的事情，你通过努力也可以做到；别人做不到的事情，不代表你做不到。

1.2　微信创业团队需要什么

上文中提到，微信公众账号从选题、采编、撰写、排版、配图、发布，再到内容反馈、用户互动以及数据分析，横跨了美术设计、文案、客服和运营等很多专业板块；如果还要自定义开发内容，那还需要相应的代码技术人员。

文科生（文案）、理科生（运营、技术人员）、美术生（设计师），他们从高中开始就分道扬镳，直到进入互联网团队，他们才又相聚在一起。这就需要团队领导有很强的整合能力。

不喜欢玩游戏的人去运营游戏公众号是不行的，不喜欢文艺的人也玩不转文艺型的微信公众号，不愿意与人沟通的人做不好自媒体和微商。最理想的状态就是运营微信的人也是微信公众号的用户，喜爱与兴趣永远是工作质量的保证。

微商抱团取暖的趋势也越来越明显，不过在自己微信名之前加上"团队名"对于消费者而言又有什么意义呢？商会性质的微商抱团，只能够让微商互相学习，而做好自己则是微商的第一要务。小的微商都是个体户，个体户就不要学大企业的毛病。

自媒体永远是以一个人的名义出现在大众面前，尽管背后可能有一个团队来支撑。所以如何平衡好团队内部的利益对于当红自媒体来说也很重要。2014 年 5 月，互联网自媒体的典型代表"罗辑思维"的创办者罗振宇、申音各奔东西，让人唏嘘不已。

所以微信创业初期，创业者必须身兼数职，团队永远是为了满足需求的放大而组建的。在路上寻找志同道合的朋友，不要轻易带着朋友上路。

第 2 章
微信公众账号新手入门
与陷阱规避

目前市面上接地气的微信公众号运营的书籍寥寥无几，很多微信公众号营销相关书籍，也往往都是大谈特谈小米手机、联想电脑、招商银行等大企业案例；而对于中小企业和微信创业者来说遥不可及，也毫无操作性可言。毕竟不是每个人都能坐总裁办公室运筹帷幄，也不是每家小公司都能请起薪 8K 的程序员。对于新手来说，学会如何上手，才是最关键的第一步。

本章我们就从最基础的账号注册开始上手，努力让新人少踩地雷。

2.1 微信公众账号的注册步骤及要点

打开 https://mp.weixin.qq.com/，这是微信公众账号的登录页面，选择左上角的"第一次使用公众平台？立即注册"，单击"立即注册"，页面跳转到了 https://mp.weixin.qq.com/cgi-bin/readtemplate?t=register/step1_tmpl&lang=zh_CN，此时微信提示注册共有五个步骤。

2.1.1 第一步：邮箱注册的步骤及风险规避

注意 1：每个邮箱仅能申请一种账号，服务号、订阅号或企业号，就是说邮箱只能用一次；**建议使用国内邮箱**，比如腾讯的 QQ 邮箱，尽量避免使用国外邮箱如 Gmail 等，防止邮箱无法登录或者来自微信的邮件被国外邮箱服务器屏蔽。

注意 2：成功申请开通公众账号之后，可能会出现因员工离职、岗位变动或登录邮箱出现登录风险等情况需要修改邮箱；此时可以在公众号设置中修改登录邮箱，每月只允许修改一次。

注意 3：出于安全方面的考虑，登录邮箱尽量使用运营者常用邮箱，防止邮箱密码被盗或者被黑客"撞库"后，因无法及时察觉导致的账号安全风险，同时养成定期修改登录密码的习惯。

我们按照页面提示，填好邮箱信息后，单击"注册"按钮。

2.1.2　第二步：验证邮箱

第一步注册完之后，微信会提示：

> 感谢注册！确认邮件已发送至你的注册邮箱：vskr2@126.com（这是笔者使用的邮箱）。请进入邮箱查看邮件，并激活公众平台账号。

此时，我们登录注册用的邮箱，会收到微信公众账号平台发来的注册信，如图 2-1 所示。

你好！

感谢你注册微信公众平台。
你的登录邮箱为：vskr2@126.com。请点击以下链接激活帐号：

https://mp.weixin.qq.com/cgi-bin/activateemail?email=dnNrcjJAMTI2LmNvbQ%3D%3D&ticket=1_c89d607d2d181b204e78ce8db134a547

如果以上链接无法点击，请将上面的地址复制到你的浏览器(如IE)的地址栏进入微信公众平台。（该链接在48小时内有效，48小时后需要重新注册）

图 2-1

我们单击信内链接激活账号。

注意 1：我们需要在 48 小时内完成注册，48 小时后链接失效，该邮箱可以重新注册。

注意 2：如果没有收到微信账号注册邮件，请查看邮箱内的垃圾邮件箱，看看是不是被邮件服务器误判为垃圾邮件，或者检查邮箱地址有没有写错，一般情况下使用国内邮箱都能收到。

2.1.3　第三步：选择账号类型

点开邮件内的链接，页面跳转到选择账号类型的页面，这一步非常关键，因为一旦成功创建微信公众号，账号类型不可再更改，仅能从订阅号升级到服务号。

微信公众号有三种账号类型：订阅号、服务号和企业号，如图 2-2 所示。

图 2-2

这三个选择需要非常慎重，因为账号类型无法更改，一旦选择不当，一个账号就这样废了，白白浪费时间和精力。很多企业和个人就是因为账号类型与目标需求不匹配，造成账号作废。比如适合做订阅号的结果选成服务号，导致既没有技术资源做好服务号，而想多发内容又受到服务号的限制却发不了的尴尬情况。

首先，我们了解一下这三种类型账号的特点，如图 2-3 和图 2-4 所示。

	企业号	服务号	订阅号
面向人群	面向企业，政府、事业单位和非政府组织，实现生产管理、协作运营的移动化。	面向企业，政府或组织，用以对用户进行服务。	面向媒体和个人提供一种信息传播方式。
消息显示方式	出现在好友会话列表首层。	出现在好友会话列表首层。	折叠在订阅号目录中。
消息次数限制	最高每分钟可群发200次。	每月主动发送消息不超过4条。	每天群发一条。
验证关注者身份	通讯录成员可关注。	任何微信用户扫码即可关注。	任何微信用户扫码即可关注。
消息保密	消息可转发、分享。支持保密消息，防成员转发。	消息可转发、分享。	消息可转发、分享。
高级接口权限	支持	支持	不支持
定制应用	可根据需要定制应用，多个应用聚合成一个企业号	不支持，新增服务号需要重新关注。	不支持，新增服务号需要重新关注。

图 2-3

微信公众平台服务号、订阅号的相关说明

一、服务号、订阅号的介绍（区别）

不同类型的公众号所具备的功能权限是不一样的，主要区别：

功能权限	普通订阅号	认证订阅号	普通服务号	认证服务号
消息直接显示在好友对话列表中			✓	✓
消息显示在"订阅号"文件夹中	✓	✓		
每天可以群发1条消息	✓	✓		
每个月可以群发4条消息			✓	✓
基本的消息接收/回复接口	✓	✓	✓	✓
聊天界面底部，自定义菜单	✓	✓	✓	✓
九大高级接口				✓
可申请开通微信支付				✓

图 2-4

这两个图已经很详细地阐述了三种类型账号的区别，而以下三点需要我们尤为注意。

2.1.3.1 注意 1：订阅号与服务号的差异

订阅号每天都能发布一条消息，服务号每月只能发 4 条。不过服务号是显示在好友列表中，每次消息发布，微信系统都会有提示（与微信好友互相发信息一样）；而订阅号折叠在订阅号目录中，发布信息时，不会像服务号那样有明显的用户提示。因此相对来说服务号的打开率比订阅号要高。从目前的订阅号运营情况看，订阅号发布的每条消息，打开率平均在 10%以下。

2.1.3.2 注意 2：企业号的应用场景

大型企业内部上下游运作可以选择企业号，而企业号类似企业内部管理系统，仅针对企业内部用户及企业运营流程的上下游用户，不针对公众用户。

对管理运营并不复杂的中小型企业来说，微信企业号适用范围一般，但是对大中型企业连锁企业来说就比较有针对性；因为其中很多没有电脑的一线销售员工都有微信，这样类似 OA 系统的微信企业号就非常适合这种场景下使用。因此把微信企业号看成一种移动端的 OA 管理系统更容易理解。

如图 2-5 所示为美的公司的企业号功能。

图 2-5

美的通过企业号优化美的售前、售中、售后的服务管理流程。售后功能上线 1 个月，日处理工单量超过 1 万，占总单量的 25%。

售后工程师：接收工单、查询产品维修记录、现场申请配件、完善服务档案，展示产品保修期、收费政策等信息，引导消费者使用二维码对服务进行现场评价。

导购员：上报销量、管理库存、申请调货、管理陈列等，提升终端销售工作效率。

门店老板：上报销量、承接家电售后服务，帮助门店老板为消费者提供更好的服务，并提升企业对终端市场的管理。

以上是微信企业号官方公布的企业号案例。我们可以看到企业号更像一个移动 OA 管理系统，这也算移动互联网对传统互联网在 OA 管理系统上的瓦解和颠覆。

从 2015 年 4 月 17 日开始，微信企业号的门槛降低，开始支持"团队"注册企业号，仅需要提供个人身份证明即可，这样类似公司内部的小团队、校友会等组织就可以使用企业号的功能。

2.1.3.3　注意 3：到底选择订阅号还是服务号

大部分初次使用者纠结于到底选择订阅号还是服务号，而从最近半年的整体情况来看，订阅号的传播效果要大于服务号。服务号顾名思义，以服务作为基础功能，比如招商银行服务号，将个人招行账号与该服务号绑定后，每次消费时招行的服务号都会发来提示信息，服务效率非常高。但是这是建立在招行信息平台与微信信息平台打通基础之上的，需要付出巨大的时间成本和技术成本，对于一般用户和中小企业有一定的门槛。所以如果运营者只是想传播特色内容，建议还是从订阅号开始做起。从现状来看，大部分企业和媒体及微信公众账号创业者都选择订阅号，毕竟每天一条的发送还是有很多利用空间的。

因此，明确自己做微信公众账号的目的，权衡自己或者企业的资源配置现状后，再做出选择。当然，微信公众号平台不会限制每家企业只能注册一次，因此，有些企业用户会用三个邮箱注册三种账号。最新的微信注册政策中，**每家企业营业执照可以在公众号平台注册 10 次。**

从 2015 年 3 月起，订阅号可以选择升级为服务号。在微信公众号设置中可以选择升级，微信公众平台会有升级提示，订阅号仅有 1 次升级机会且不可更改，如图 2-6 所示。

图 2-6

另外，如果由于当初选择不慎，选择了不合适的类型的微信账号，最好的解决方法就是让企业重新注册另一种类型的账号；可以既有服务号，又有订阅号，只是需要将原有账号的粉丝引导到新的账号内。

当然，有些企业还会采取双账号策略来宣传自己，如图 2-7 所示。

图 2-7

2.1.4 第四步：信息登记（以订阅号为例）

随着微信平台的进一步正规化，登记内容要求也越来越完善。微信公众账号把登记信息分成五大类，分别是政府、媒体、企业、其他组织和个人。

第四步我们以订阅号为例，只是在服务号信息登记里没有个人选项，在企业号信息登记里没有其他组合和个人选项，其他所填内容均一致。

下面我们根据实际情况来选择和填写。

注意：尽量不选择个人注册。

除了"个人"选项，"政府""媒体""企业"和"其他组织"，都需要相应的证件和盖章证明；从这方面来看，"个人"选项最方便注册。但是，在目前的微信公众账号政策中，"个人"是暂时无法取得微信认证的。同时个人账号开通微信流量主（微信官方广告平台）后，**一旦账号有广告收入，"个人"类型账号需要交纳 20%～40%的个人所得税；而"企业"类型账号，开增值税发票只需要交纳 3%的税。**因此对于自媒体和微信创业者来说，有条件请尽量选择"企业"类型，毕竟存在十几倍的税率差异。不过注册企业类型账号时需要企业的营业执照和组织机构代码证等，这也无疑抬高了注册的门槛。建议微信公众号创业者查询各地支持中小微企业发展的扶持政策，尤其是大学生创业政策。

2.1.5　第五步：注册信息反馈

在第四步填好提交之后，进入第五步，此时微信平台已经收到你的资料，微信公众平台会进行人工审核，在 7 个工作日内会反馈结果。比如第四步里面的照片与本人不符、照片内看不清身份证号等情况。出现反馈之后按照提示重新提交即可。

通过审核之后，恭喜你，你的微信公众账号已经申请下来。相信通过我们之前的引导，你已经成功避开了几个暗藏的陷阱，此时微信平台会通知你绑定个人微信号，成为该公众账号的运营者。迎接你的是一个非常简洁的页面，如图 2-8 所示。

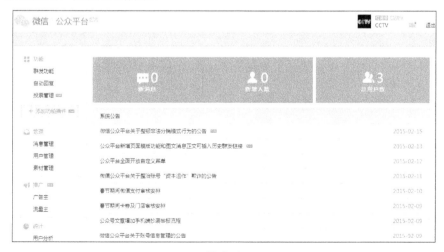

图 2-8

现在你面对的页面，就是所有微信运营者每天面对的页面，有人在这里赚下第一桶金，有人凭借运营技能按月领取工资，也有人只是浅尝辄止。一分耕耘一分收获，让我们继续我们的运营之路！

2.2 账号设置及技巧

当微信公众账号通过审核之后，我们可以正常通过注册邮箱登录账号，此时我们的公众账号是"一穷二白"——无头像、无昵称、无介绍，此时需要做的就是完善这些基础设置。

特别需要注意的是，我们设置头像、功能说明、昵称和微信号的目的，是更好地获取自然搜索和提升用户的关注率。我们需要在设置之前，仔细考虑账号的定位和传播目的，而设置得当的头像、功能说明能够达到事半功倍的效果。

2.2.1 头像：一图胜千言

谈起头像，五个字总结就是"一图胜千言"，一个抓眼球的头像能够提升我们账号的关注率。

企业头像：最保险的做法就是用企业 LOGO 作为头像，比较讨喜的办法就是重新设计一个新的头像，例如中国联通的微信公众号头像就比较具有亲和力，如图 2-9 所示。当然目前企业 LOGO 作为头像的还是居多。

图 2-9

其他头像：如果你是自媒体，如果你是微信公众账号创业者，那么选择头像就需要更多的思考与设计。**尤其要注意的是，手机屏幕尺寸比电脑**

屏幕小很多，很多电脑上细节化的设计在手机上是很难看到的。我们很多微信用户用自己的照片作为头像，如果比例设置得不合适，在手机中显示效果非常差。

大家可以打开自己的微信通讯录，看看以自己照片作为头像的朋友里面，有多少朋友的头像其实根本看不清！

当然作为个人使用微信这些都是小问题，那么作为一个微信公众账号，目的就是更好地传播自己和吸引用户，选择合适、清晰、辨识度高的头像是我们运营的基础要点之一。

基于人性的弱点，很多微信公众账号选择了暴露的美女作为头像。2015年 2 月国家互联网信息办公室出台了《互联网用户账号名称管理规定》，其中第七条规定："互联网信息服务使用者以虚假信息骗取账号名称注册，或其账号头像、简介等注册信息存在违法和不良信息的，互联网信息服务提供者应当采取通知限期改正、暂停使用、注销登记等措施。"因此，用美女头像的账号存在一定的政策风险。

2.2.2　账号功能介绍——吸引粉丝关注的大杀器

功能介绍出现在微信用户关注公众账号时介绍的界面。做微信公众账号，积累用户是基础，而关注页面除了头像，就是公众账号的功能介绍；因此好的功能介绍，能够大幅提升账号的关注率。那么我们如何通过设置诱人的介绍词来打动我们的目标用户呢？

先看几个案例，如屈臣氏，功能介绍中写明"免费领取优惠券，掌握促销热讯"，其实关注点就在"免费领取优惠券"，如图 2-10 所示。

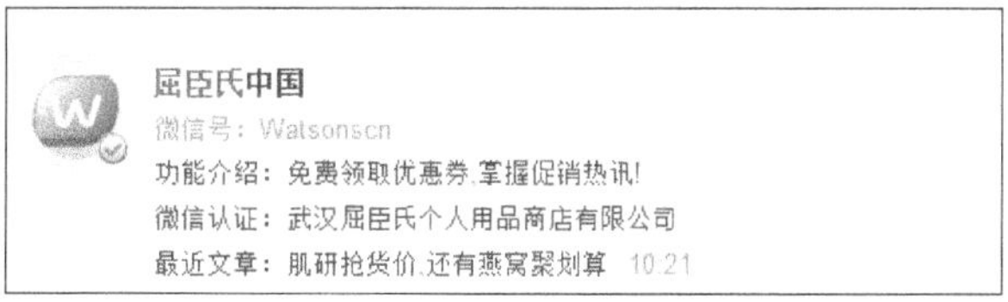

屈臣氏中国
微信号：Watsonscn
功能介绍：免费领取优惠券 掌握促销热讯!
微信认证：武汉屈臣氏个人用品商店有限公司
最近文章：肌研抢货价,还有燕窝聚划算　10.21

图 2-10

功能介绍，需要我们对自己的账号进行卖点深度提炼。

例如：如果你运营的是一个瘦身账号，你可以写上"据说关注本账号的女生最后都瘦了"；如果你运营的是一个零售业账号，你可以写上"每天发放 5 元现金券，全场通用"等。如图 2-11 所示就是一个比较好的例子。

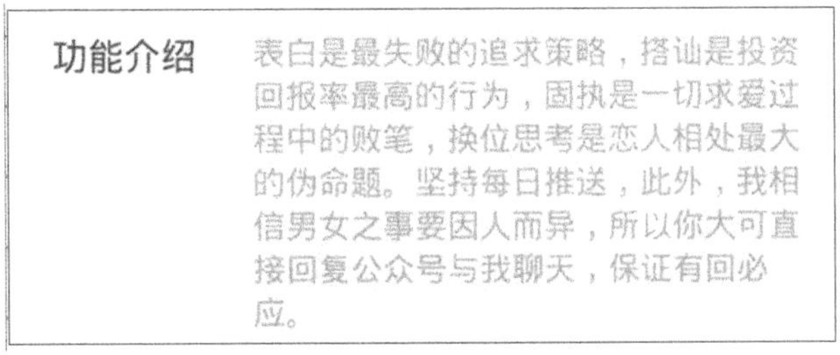

功能介绍	表白是最失败的追求策略，搭讪是投资回报率最高的行为，固执是一切求爱过程中的败笔，换位思考是恋人相处最大的伪命题。坚持每日推送，此外，我相信男女之事要因人而异，所以你大可直接回复公众号与我聊天，保证有回必应。

图 2-11

总而言之，功能介绍需要寻找并牢牢抓住用户的痛点，再把解决方式写上去。

当然，如果你运营的是"人民日报"、"罗永浩"等战神级账号，以上内容都可以不看，用户根本不需要看功能介绍。

如果格调再高一点的，例如韩寒的"ONE"，人家根本就没有功能介绍，如图 2-12 所示。

ONE·文艺生活
微信号：one_hanhan
微信认证：上海小野文化传播有限公司
最近文章：活了一百万次的猫　13:44

图 2-12

当然，如果你不是舆论红人或网络大咖，那还是老老实实写点能让用户眼前一亮的文案吧。

2.2.3　起名也能吸引粉丝

什么才是好名字？好名字必须满足容易记和独特性，看上去简单其实要求很高。全国有 299025 个张伟，有 290619 个王伟，有 277293 个王芳，有 269453 个李伟。好名字是稀缺资源，会起名字甚至是一门手艺，所以我们会经常在小巷子里面看到"起名"这个招牌。

如果你运营的是公司微信公众号，一般就以公司名字作为账号名称，但是注意要简洁。如果公司全名是"北京市海淀区 ABC 科技有限责任公司"，直接照搬的话，估计手机屏幕小的都不够把名字显示完。所以一般以"地区+ABC"即可，甚至直接叫"ABC"就可以。

如果你运营的是自媒体或者创业型的账号，就需要动点脑筋了。像"罗辑思维""大象公会"等自媒体账号，一旦取好名字，就再也不能改了，甚至需要注册商标来保护。2014 年年底，由于微信公众平台开放了自定义命名，以致出现大量微信名称被抢注的风波，最后微信官方都出来表态。

有兴趣的朋友可以点击以下链接，查看当时的官方表态。

http://mp.weixin.qq.com/s?__biz=MjM5NjM4MDAxMg==&mid=202915
892&idx=1&sn=1ed0fa1d4b6068dc37488f7055d32e7c&3rd=MzA3MDU4NTY
zMw==&scene=6#rd

2.2.4　设置微信号

刚注册的微信公众账号，是没有微信号的，需要我们在微信公众平台中自行设置。一个好的微信号，能够让用户迅速记住并找到你，微信号需要以字母开头，最低 6 个字母或者数字。需要注意的是，微信号是唯一的；而且个人微信与公众微信都是同一个规则，当微信全球用户达到 7 亿之后，容易记忆的微信号基本都已经被抢注。

很多运营者绞尽脑汁想出来的微信号，一查询都有人注册了，像 CCTVNOW 这种容易记的词很早就已经被抢注。如果运营者急于注册微信号，很容易出现最后随便注册一个完事的情况，但是微信号一旦注册就不可更改！

比较好的方法是，我们可以先查询再注册，用个人手机微信号查询功能，搜索结果是"用户不存在"的情况，说明该字母数字组合可以使用。一般一个手机一天能查 50 次左右。超出之后，会有系统查询限制。好在微信官方在 2015 年 6 月提供了微信号检测的优化功能，如图 2-13 所示。

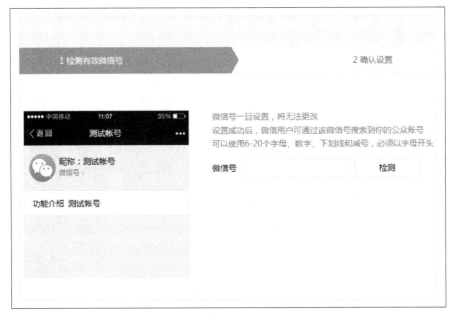

图 2-13

当然，在没有好的想法之前，我们也可以不设置微信号，不过这样用户就无法通过微信号搜索到公众号，而只能通过名称来搜索。如果名称又比较大众化，那么通过搜索到达的流量就要小很多。

所以设置好的名称和微信号是一个搜索优化的技巧，全球 7 亿微信用户，每天发生大量的自然搜索，比如"女人""免费"等关键词，而有这些关键词的账号无疑获得了巨大的免费流量和用户关注！再配上诱人的头像和诱人的介绍，很多微信公众账号的陌生用户就是这样来的。

2.3 账号认证和认证风险

我们在注册的时候看到，除了个人账号目前无法认证，其余类型的账号都可以认证；同时，微信官方也鼓励微信公众账号认证，因为认证之后会有更多的"好处"提供给认证账号。

2.3.1 微信认证对于订阅号的好处

2.3.1.1 开通广告主功能，花钱发广告

对于广告主，微信的门槛越来越高，针对行业也是非常细分的；同时需要提交所在行业的资质证书，如经营许可证、ICP 证等，如图 2-14 所示。

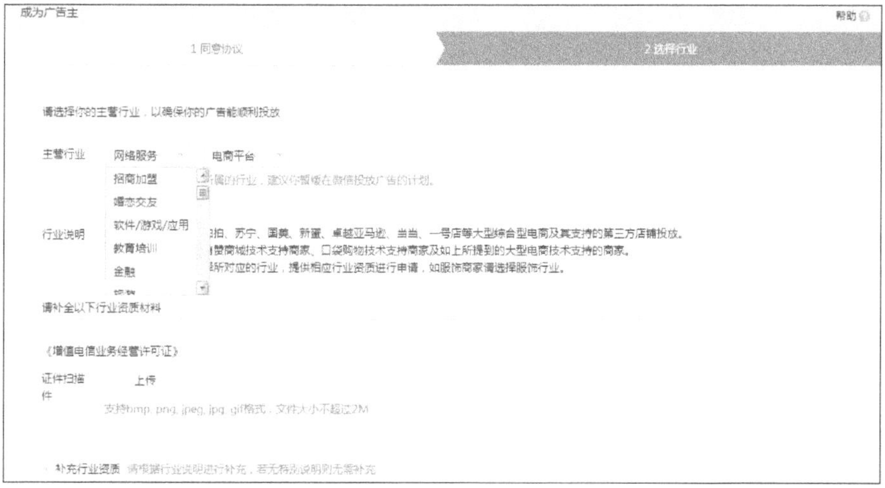

图 2-14

广告主的认证门槛之高拦住了很多微信草根创业者，毕竟注册公司也是有门槛的，而且即使你所有资质齐全，微信官方仍然会人工审核，还是有很大概率过不了。这就意味着你想花钱砸广告，微信官方都会严格审核。

2.3.1.2 开通流量主功能，挣广告费

很多流量主每天的收入非常巨大，有些草根运营者每天流量收入能够达到上万元！如图 2-15 所示是某运营者拥有的 2 个账号的收入情况。

图 2-15

但是，开通流量主的前提是你有 5 万用户，如图 2-16 所示。门槛相当之高，以至于很多运营者采用刷粉丝的方法让用户达到 5 万。

图 2-16

2.3.2 微信认证对于服务号的好处

服务号当然也可以享受开通"广告主"和"流量主"带来的好处，除此之外，认证服务号还享有以下特殊优势。

2.3.2.1 微信提供九大高级接口

这些接口可以自己把微信与服务号链接起来，可以调用用户头像、消息等，可以更好地通过数据来服务用户。这对于大部分中小企业和自媒体而言作用有限，而对数据创业型微信团队意义重大。

2.3.2.2 可以开通微信支付

微信支付是微信近期重点打造的一项应用功能，在 O2O 场景下，微信支付针对性非常强，目前处于公测阶段。

以上是认证后的公众账号的优点，但是认证账号之后，在日常的操作过程中，稍有不慎，就会遇到法律风险。

风险提示：微信公众账号一旦认证，就成为了可查证的法律主体，其使用的文字和图片需要有合法的来源，否则就有涉嫌知识产权违法的风险。

这并不是耸人听闻。在微博上，很多企业的认证微博使用一些公开的（百度基本能搜到的）图片作为配图，而专门的图片版权公司会对相关图片进行查找并进行知识产权起诉，而且胜诉率相当高，如图 2-17 所示。可以搜索相关关键词查询，例如"起诉 微博 图片 版权"。

所以微信认证本身没有风险，而认证之后对微信配图就需要运营人员非常仔细地找到有免费版权的图片。

您的位置:龙虎网> 南京新闻 　　　　　　　　　　　　　　　　　　　□ 手机看新闻

公司发微博擅自使用17张版权保护图片 被判赔5万

2014-11-08 07:01:19 　 news.longhoo.net 　　　　　　　　　　我要播报

　　龙虎网讯 某教育咨询公司在其新浪官方微博中擅自使用了他人享有著作权的10幅摄影作品，结果被告上法庭，要求支付赔偿金4.7万元。而就在三个月前，作为本案原告的该图像技术有限公司还在鼓楼区法院起诉了南京另一家教育咨询公司的同种侵权行为，在这起案件中，南京公司因在其新浪官方微博中侵权使用了原告的17幅摄影作品，被判赔5万元，目前此案尚在二审中。

　　在该图像技术公司向南京市鼓楼区法院提起的诉讼中，他们指被告江苏某教育咨询公司未经授权，擅自在其新浪官方微博"新天际教育南京公司"上使用了原告享有著作权的大量摄影作品，原告发现这一情况后，多次要求被告停止侵权，并赔偿经济损失，但被告予以拒绝。

　　为此，原告收集了证据并对收集到的电子证据进行了公证固定。此次诉讼，原告只主张10幅被侵权作品的赔偿请求，余下34幅被侵权作品亦已进行了证据保全，原告将根据此次诉讼的判决结果，采取进一步诉讼维权举措。

　　在本次诉讼中，原告以10幅作品被被告新浪官方微博侵权使用为由，主张被告赔偿4.7万元，平均每张被侵权图片索赔4700元，另原告还主张律师费3000元，并主张由被告承担该案诉讼费。

图 2-17

2.4 微信公众账号后台功能区介绍

当我们成功避开上述种种雷区之后，我们开始进入正题。首先我们需要熟悉操作后台。

从图 2-18 中可以看到，进入页面首先是新消息、新增人数和总用户数，微信用背景颜色标出，说明这是我们每天都必须关注的重要指标和互动信息。中间是系统公告区，每次微信公众账号政策的"大动作"都会第一时间发布在这里，这也需要我们及时地关注。随着平台的正规化，各种灰色操作空间也会越来越小。图 2-18 左侧部分就是我们的操作功能栏，下面我们一一介绍。

图 2-18

2.4.1 功能栏

账号开通后，系统默认有三个插件，分别是"群发功能"、"自动回复"和"投票管理"，另外还有一个"添加功能插件"。

2.4.1.1 群发功能

群发功能是我们发布内容的地方，点开之后，右边会跳出新操作页面——新建群发信息。订阅号可以新建的群发信息有文字、图片、声音、视频和图文。服务号比订阅号多的一项是可以发布产品信息。除文字信息可以直接在下栏中编辑外，其余信息都需要在"管理"中的"素材管理"中编辑保存后再选择发布。

在朋友圈常见的信息就是图文信息，我们将在 2.5 节着重说明如何美化与编辑图文信息。

由于订阅号和服务号的账号类型不同，所以能够群发信息的数量也不同，如图 2-19 所示是订阅号的群发功能界面。

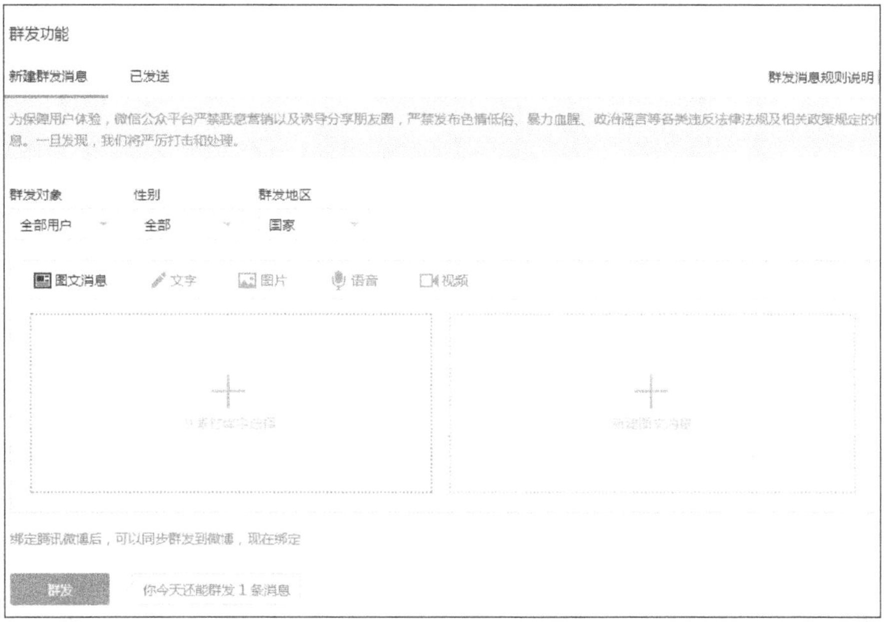

图 2-19

我们在账号注册内容中说过，订阅号每天都能群发 1 条消息，服务号每月只能发布 4 条消息。当然也有特殊例外情况，有些媒体账号每天能够群发 2 条甚至 3 条消息（这与微信早期内部测试和媒体特殊属性有关）。

2.4.1.2　自动回复

自动回复功能的设计是为了降低人工工作量，可对用户经常发送的文字信息进行自动回复，如图 2-20 所示。

自动回复分为 3 类。

第一类是**被添加自动回复**，是指用户关注公众账号之后即该账号被用户添加后，公众账号对用户的关注动作的自动回复，可设置文字、语言、图片、视频为被添加的自动回复内容。

第二类是**消息自动回复**，在用户给你发送微信消息时，会自动回复设置的文字、语言、图片、视频给用户。需要注意的是，这个回复比较单一；

也就是说无论用户发送任何信息，都回复用户同样的内容，所以使用该功能的地方不多。

第三类是我们使用最多的**关键词自动回复功能**。在微信公众平台设置关键词自动回复后，可以通过添加规则（规则名最多为 60 个字），当订阅用户发送的消息内如果有设置的关键词（关键词不超过 30 个字，可选择是否全匹配，如设置了全匹配则关键词必须全部匹配才生效）时，即可把你设置在此规则名中回复的内容自动发送给订阅用户。

图 2-20

1. 关键词自动回复设置方法

（1）点开添加规则，首先给规则命名，例如命名为"回复你好"。

（2）接着单击添加关键词，每个关键词不超过 30 字符，意思是不超过 15 个汉字，或不超过 30 个英文字母。可以添加多个关键词，用回车间隔，会自动显示。

（3）最后选择回复内容，可以是文字、图片、语音、视频和图文。

注意：

- 文字中可以输入网页链接地址，但不支持设置超链接。

- 关注用户发送消息命中设置关键词回复规则后，会有 5 秒的响应时间。

- 规则名称自己设定（作为区分作用）。

- 关键词配置（作为用户发来命中的关键词）。

- 回复信息（命中关键词后自动回复的信息内容）。

- 勾选了"回复全部"，只要用户命中关键词就会自动回复该规则内的所有回复；若未勾选，会随机回复。

- 建议在一个规则里设置一个关键词，以便用户获得想要的答案。

2. 关键词自动回复的规则

1）字数限制

微信公众平台认证与非认证用户的关键词自动回复设置规则上限为 200 条（每条规则名，最多可设置 60 个汉字），每条规则内最多设置 10 个关键词（每个关键词，最多可设置 30 个汉字）、5 条回复（每条回复，最多可设置 300 个汉字）。

2）规则设置

可通过微信公众平台设置多个关键词，如订阅用户发送的信息中含有设置的关键词，则系统会自己回复。

同一规则中可设置 5 条回复内容，如设置了"回复全部"，用户发送信息中含有设置的关键词时，会将设置的多条回复全部发送给用户；若未设置"回复全部"，则会随机回复。

3）关键词设置

（1）每个规则里可设置 10 个关键词，若设置了相同的关键词，但回复内容不同，系统会随机回复。

（2）每个规则里可设置 5 条回复内容，若设置了多个回复内容（没有设置"回复全部"），系统会随机回复。

（3）多条回复设置方法：进入编辑模式，点击关键词自动回复中的"添加规则"输入关键词匹配内容后，再添加内容，然后选择"回复全部"即可。

3. 完全匹配功能设置注意

（1）若选择了完全匹配，在编辑页面则会显示"已全匹配"（如图 2-21 所示）。

对方发送的内容与设置的关键词须完全一样，才会触发关键词回复，不能多一个字符也不能少一个字符。比如设置"123"，仅回复"123"才会触发关键词回复。

图 2-21

（2）若没有选择完全匹配，编辑页面则会显示"未全匹配"（如图 2-22 所示）。

只要对方发送的内容包含设置的完整关键词，就会触发关键词回复给对方。比如设置"123"，回复"1234"会触发，但回复不完整的关键词"12"则不会触发关键词回复。

规则20：是

* 规则名   是

　　　　　规则名最多60个字

* 关键字   添加关键字

　　是   半全匹配   ╱ 🗑

* 回复   回复全部

图 2-22

关键词自动回复是我们最常用的回复功能，**我们可以把关键词自动回复整合到被添加回复里面**，这样能更好地服务我们的用户，如图 2-23 所示。

图 2-23

关注后，出现被添加回复，里面的 001，就是关键词回复，这样可以更好地引导用户使用我们的公众账号。

4. 文本设置超链接技巧

有的朋友可能遇到过在自动回复中含有文字超链接的情况，用户可以直接点击蓝字跳转到新的页面，下面给大家介绍这种功能是如何实现的。

首先在文字中添加如下代码：

```
<a href="目标网址#rd">显示文字</a>
```

其中，目标网址就是你想要用户跳转到的网址，显示文字就是用户能看到的蓝字显示部分。

如图 2-24 所示，我们在图中的"被添加自动回复"中加入了上文提到的代码，加入了我们希望用户跳转到的网址，文字内容是"查看最新微信内容"；那么用户添加该账号之后，就能看到自动回复，如图 2-25 所示。

图 2-24

此时，用户只要直接点击蓝字**查看最新微信内容**就可以实现跳转。

对于自动回复，需要注意的是，在用户互动量不多的情况下，我们应尽量与用户进行人工回复，这样更有人情味，让用户感觉不是在和硬邦邦的机器对话，可以提升用户体验。

图 2-25

2.4.1.3 投票管理

投票功能是目前最容易吸引粉丝关注的功能！投票管理功能经过前期内测之后，正式开放给所有微信公众账号，看似很简单的功能，只要用好，能够带给大家巨量的粉丝！

让我们开始了解投票管理中的功能设置技巧，点开投票管理，进入新建投票界面，如图 2-26 所示。

只要按照微信设置的要求，投票管理很简单就能设置好。

我们看看正在进行中的投票，如图 2-27 所示。

图 2-27 投票正在进行中，我们可以看到各个选项的投票结果。

那么编辑好投票内容之后，如何插入投票功能呢？

图 2-26

我们只要把设置好的投票功能保存后，在素材管理中新建图文信息，在图文消息中插入投票，如图 2-28 所示；这样图文消息可以转发到朋友圈，投票也随该图文实现了转发。

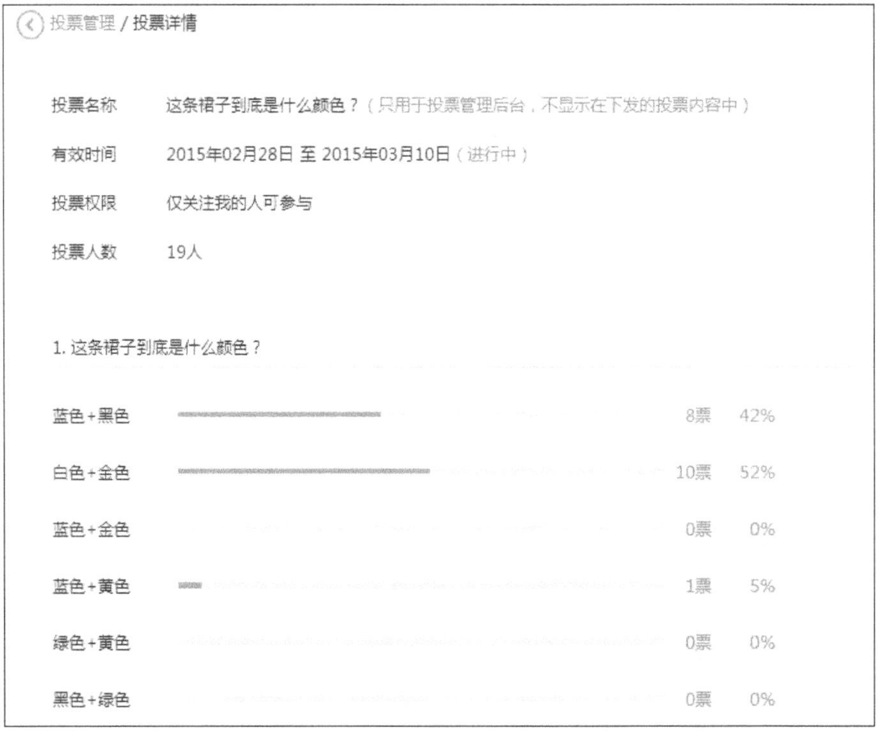

图 2-27

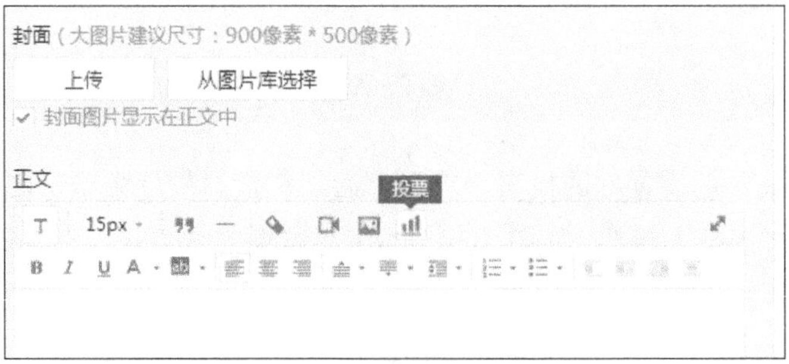

图 2-28

注意：巧妙使用投票管理来吸引粉丝。

在投票管理中，有一个可以设置的选项是"投票权限"，可以选择所有人都可以投票，也可以选择仅关注我的人可以参与。

不知道大家有没有感觉,最近朋友圈拉投票的人越来越多,最最热门的就是宝宝大赛这一类。每个父母都把自己的孩子当宝,很多公众账号利用这一心理,举办"XX 市最萌宝宝大赛"类似活动。当家长把孩子照片上传之后,账号运营者制作出投票,尤其值得注意的是,这些投票的投票权限肯定是"仅关注我的人可以参与";这样当孩子父母声嘶力竭地在朋友圈刷屏拉票的时候,孩子父母的朋友必须关注该账号才能有资格投票。这样一场活动下来,少说几千用户,多则几万、十几万用户就关注了该账号,这种投票管理常见于地方类微信公众账号的运营中。

2.4.1.4　添加功能插件

在图 2-29 中,功能选项虚线里写着"添加功能插件",我们可以根据需求选择要添加的功能。

图 2-29

一般来说,对于新手运营者,只需要新增"自定义菜单",自定义菜单能方便用户更好地操作。自定义菜单在会话界面底部设置,菜单项可按需设定,并可为其设置响应动作。用户可以通过点击菜单项收到你设定的响应,如收取消息、跳转链接。

2.4.2 管理功能

在功能栏之下是管理栏，分为消息管理、用户管理和素材管理，如图 2-30 所示。

图 2-30

2.4.2.1 消息管理

消息管理用于接收用户对公众号发送的消息。在图 2-31 中，我们可以看到用户对该公众号发的消息，有些是已经回复的，有些是没有回复的。

已经回复的消息是"未全匹配"的消息，可能用户回复的一句话中，有两个字是关键词，根据关键词规则已经回复；而对于"已全匹配"的消息，可以勾选"隐藏关键词消息"查看。

图 2-31

需要注意的是，超过 48 小时的用户消息，公众平台是不能回复的；对方关注你之后发消息，然后又取消关注，也是不能回复消息的。有些极端用户就采用这种方式来恶心运营人员，骂你一句就跑，你也骂不回。

2.4.2.2　用户管理

点开用户管理之后，你可以看到所有关注你的用户，可以新建分组把不同的用户分类管理，如图 2-32 所示。这样方便在群发消息时针对某个分组单独群发消息（具体功能在群发功能——群发对象中选择分组）。

图 2-32

2.4.2.3　素材管理

订阅号消息分成图文消息、图片库、语音和视频，如图 2-33 所示，服务号要比订阅号多一个商品消息。

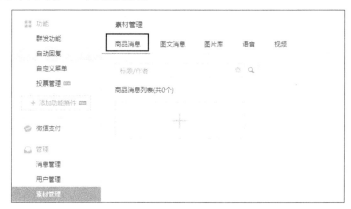

图 2-33

我们经常使用的图文消息等都在素材管理中编辑，我们将在 2.5 节具体阐述如何做好消息剪辑与页面美化。

2.4.3　推广——与钱最近的地方

推广只有两个选项，广告主和流量主。

2.4.3.1　广告主

广告主是指在平台充值后投放广告。广告主功能需要认证后开通。前文说过，个人申请的微信公众账号暂时无法认证，也就无法开通广告主。微信对广告主的门槛日益提高，需要一系列的资质审核和具有白名单资格才允许投放广告。

以下摘自微信广告助手官方说明。

1. 新建广告，如图 2-34 所示。

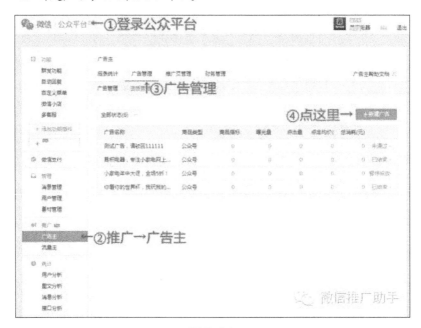

图 2-34

2. 填写基本信息，如图 2-35 所示。

图 2-35

3. 编辑广告，如图 2-36 所示。

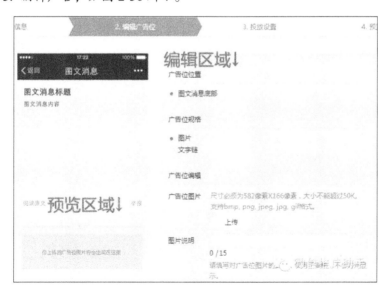

图 2-36

左侧为预览区域，右侧为编辑区域哦！

如果推广商品选择【公众号】，

广告位统一展示在图文消息底部。

1. 广告位的规格可以选择**图片**和**文字链**两种形式。

a）图片尺寸必须为 582 像素×166 像素，大小不能超过 50KB。

支持 bmp、png、jpeg、jpg、gif 格式。

图片建议：**背景简洁，主题突出，文案简明扼要，内容紧凑不分散。**这样的图片才有好的点击率呢！

b）文字链不能超过 15 字，注意文案一定要简明扼要，**能够吸引人眼球，又不过分夸大！**尺度一定要把握好哦。

2. 推广内容，就是你想要展示给用户的内容啦，一定要用心认真编辑哦！

如果推广商品选择【品牌活动】小编想说：

a）广告位展示同上；

b）广告位规格同上；

c）不同的地方是这里可以跳转外部链接哦，如图 2-37 所示。

图 2-37

怎么样，是不是很强大呢？但是开通**微信支付**的公众号，成为广告主后，才能投放外链广告！

2.4.3.2 流量主

流量主，顾名思义，当您的微信公众账号有足够人气的时候，可以考虑接广告业务来变现人气。流量主需要认证，同时用户数量需要达到 5 万才可以开通。以下是微信官方对流量主的介绍。

1. 流量主功能概述

微信公众平台推广功能是微信公众平台官方唯一的广告系统，推广功能展示服务（以下简称流量主功能）为微信公众号量身定制。公众账号运营者自愿将公众号内指定位置分享给广告主做广告展示，按月获得收入。公测期间关注用户数超过 5 万的微信公众账号均可提供广告展示服务，成为流量主。

展示位置：图文消息的页面底部。

展示形式：文字链接。

推广页面：图文页面+推广公众号横幅，如图 2-38 所示。

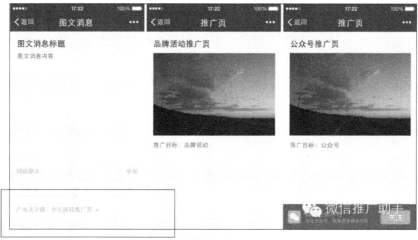

图 2-38

2. 流量主功能优势

广告收入：向广告主提供广告展示服务，从而获得收入。

开通方便：公测期间关注用户数超过 5 万，签署电子协议即可开通。

数据清晰：前一天的曝光量、点击量、收入金额等关键数据一目了然。

月结模式，收入稳定：每月的广告收入，定期打入银行账号，轻松获取收益。

需要注意的是，流量主功能是很多微信公众号创业者的主要赢利来源，这是鼓励大家多服务用户，多创造有价值的内容，这样才能更好地获取预期收入。

2.4.4 统计功能

统计功能是每个微信公众账号运营者每天必须关注的内容，微信公众号平台在这方面服务细致。统计功能共四项，分别是用户分析、图文分析、消息分析和接口分析，如图 2-39 所示。

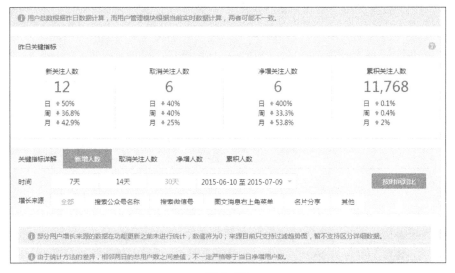

图 2-39

2.4.4.1 用户分析

在用户分析中，用户增长数量、来源和用户属性都非常详细。例如我们做一个宝宝投票的活动，那么活动期间用户增长就比较突出。在增长来源中，各个渠道的来源非常清晰，比如实体店运营的公众号，如果二维码推广到位，在"扫二维码及其他"中就可以看出来。如果公众号名字取得好，或者微信号设置的简单，那么也能够清晰地知道这些渠道每天来了多少用户。用户增长页面还有趋势图和详细数据，详细数据可以导出 CSV 文件继续分析，如图 2-40 所示。

时间 ≑	新关注人数 ≑	取消关注人数 ≑	净增关注人数 ≑	累积关注人数 ≑
2015-07-09	12	6	6	11,768
2015-07-08	8	10	-2	11,762
2015-07-07	16	11	5	11,765
2015-07-06	21	8	13	11,759
2015-07-05	25	7	18	11,746
2015-07-04	18	14	4	11,728
2015-07-03	11	12	-1	11,725
2015-07-02	19	10	9	11,725
2015-07-01	18	15	3	11,717
2015-06-30	25	11	14	11,713
2015-06-29	9	7	2	11,699
2015-06-28	16	9	7	11,698
2015-06-27	11	6	5	11,689
2015-06-26	27	14	13	11,685

图 2-40

在同页面第二项是用户属性、我们可以在用户属性中详细了解用户的性别分布、语音分布、省份分布、城市分布、终端分布和机型分布。这对我们更好地了解用户属性有很大帮助！例如女性比例高的，我们可以编辑女性内容的图文话题，投放一些女性主题的广告等，如图 2-41 所示是粉丝性别占比。

属性分布表	性别	语言	省份	城市	终端	机型
详细数据						
性别		用户数			占比	
女		8,879			80.95%	
男		1,441			13.14%	
未知		648			5.91%	

图 2-41

2.4.4.2 图文分析

微信公众账号发布的每一条图文消息，第二天都能看到具体的数据，如图 2-42 所示。

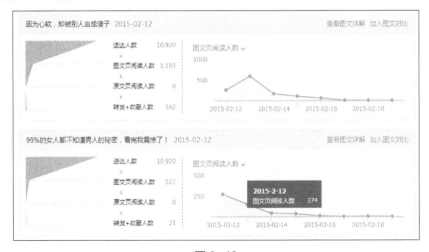

图 2-42

其中送达人数是指我们发布图文消息时用户的数量。

图文页阅读人数，就是指截至目前有多少读者这些读者不一定是你的用户，也有可能是该图文消息被转发到朋友圈后让别的微信用户看到。需要注意的是，**同样时间发布的图文阅读量可能差异比较大，如图 2-42 所示。那就说明该图文的标题、配图和文章刺激度不同，这提醒运营者提高图文质量。**

原文页指图文消息右下链接"阅读原文"被打开阅读的数量，如果没有设置，阅读人数自然就是 0。

最后的"转发+收藏人数"直接反映了这篇图文的质量，越好的图文自然被转发和收藏得越多。

2.4.4.3 消息分析

消息是指用户发给公众账号的消息，这也直接反映了该账号的活跃度，以及消息自动回复的情况，如图 2-43 所示。

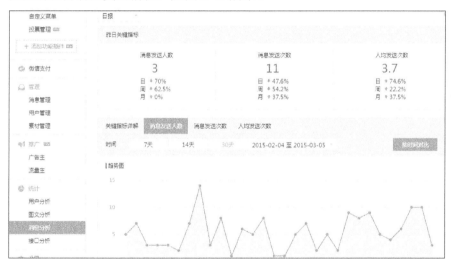

图 2-43

统计的最后一项是接口分析，开通开发者模式之后，可以看到接口基础调用数据。

2.5 微信公众账号的基础排版与美化

每当我们打开一个内容优质且设计得体的微信公众账号，总会忍不住关注该账号。而很多内容不错的微信公众账号，因为设计简陋而极大影响了用户的关注率。俗话说"这个世界是看脸的世界"，无知少女总是喜欢风度翩翩的渣男，就是因为他们长得帅；无数屌丝总是不断 YY 着自己的女神，即使对方只是用了一张美女图片做头像。而美女头像用户在社交网络中总是能得到更多关注和宽容对待。没错，这个世界就是这么肤浅，没有人愿意花世界精力去仔细了解你，你必须在最短的时间里展示出自己最诱人的一面。

是千万年来的优胜劣汰让世界如此看脸，美女帅哥永远代表优秀的基因。而图片永远比文字更先进入人类的大脑，视觉上一图胜千言，不需要思考，而文字则需要费脑力来思考。人类一思考，上帝就发笑，所以最好不要让你的用户思考后才能得出原来你是优秀的，直接把最好的一面展示给他们。

人类天生喜欢美好的事物，正如我们去购物，视觉设计很大程度决定我们是否购买某商品，而商品质量决定是否进行二次购买。对于定位于服务女性用户的微信公众账号，优秀的设计对账号的意义更是不言而喻的，因为女人比男人更加感性。因此，微信公众账号营销需要有优质的视觉输出，这样才能吸引更多的粉丝来关注，这也是一项基本功。

本节阐述的公众账号基础排版是指对微信图文消息的编辑。图文信息分单图文信息和多图文信息，多图文信息最多可以发八条图文内容。从打开率来看，多图文信息的第一条内容打开率最高。其他格式如纯文字、语音、图片等，都可以从图文信息编辑中引申出去且相对简单，本节不再做具体操作介绍。

2.5.1　微信编辑排版图片与文字取舍

首先我们要明确图文信息排版的目的，不是为了好看，而是**为了提升阅读体验**。因此，我们必须考虑到用户的使用体验，在好用与好看之间做出取舍。

2.5.1.1　图片大小的取舍

一图胜千言，人眼对图片的解读速度远远大于文字，在微信公众号内，单张图片大小不超过 2MB，可以用的格式有：bmp、png、jpeg、jpg、gif。一个优秀的微信公众号编辑，必须要考虑到用户的手机流量费用问题，图片越多越大，越耗费流量，同时网速有限的情况下，对图片的加载速度慢，往往读着读着，突然加载完一张图片，刚刚读着的页面被图片"挤"了下去。我们也在很多手机 APP 文章里，看到"多图慎点"的温馨提示。在手机微信的使用场景中，不少用户白天无法使用 WIFI，尤其是上下班高峰，也是阅读高峰，有 WIFI 情况更是少见，因此白天发布的内容，大多需要对图片多少和图片大小做出取舍。而晚间发布的内容，由于大部分用户家中有 WIFI（这又和该微信公众号的定位有关），所以晚间发布的内容图片多寡和大小可以放宽。

遇到实在需要发很多图片的情况时，大部分修图软件可以自定义保存图片的精度，我们把图片画质调低，图片大小就能变小，如图 2-44 所示。

图 2-44

在这里推荐一个国外图片压缩网站 https://tinypng.com/，该网站可以无损压缩图片，而且使用非常方便。

当然，随着网络流量资费的不断下调，以及 4G 网络的全面铺开，以后越来越多的用户能够无视流量的尽情浏览图文。而针对经济来源较少的学生和中低收入人群，图片的数量和大小对应要消耗的流量仍然需要考虑。

2.5.1.2　文字长度

在微信图文信息中，最多能够发布不超过 20000 字的内容，而正常普通人的阅读速度是 300～600 字每分钟，20000 字大概需要 40 分钟才能读完！随着很多人碎片化的阅读习惯的养成，一般人很难静下心来读大段的文字，因此微信图文信息的长度控制在能够让读者 5 分钟内读完为妙。也就是大概 1500～3000 的文字量，这样既不费脑也不费眼。

长篇大论的文章，更多建议是在晚上 10 点之后发布，这样让读者能够有充分的时间来领会文章的精髓，从而达到我们想要的效果。

综上所述，我们明明知道图片能比文字更好地表达我们的主张，但是考虑到用户的手机流量，不得不在文章内放多少图片上做取舍，不得不在文章内放清晰度多高的图片上做取舍。考虑到用户的阅读场景，不得不在文章长短上做取舍。一切的取舍都只有一个目的——让我们的内容更好的被读者获取和传播。

2.5.2　微信公众账号后台的排版设计

很多初学者的第一次排版就是在微信公众号后台自带编辑器中进行的，虽然自带的编辑功能极为简单，但是这是排版的第一步。

2.5.2.1　拒绝文章"白带"

首先需要注意的是，微信公众号的底色并不是白色。很多微信公众账号运营者，从其他网页复制内容到微信公众号编辑后台上，在用户手机上能看到粘白底痕迹，这种"白带"文章，让用户体验非常 LOW。解决方法是把内容复制在 Word 上，选择"清除格式"，或者直接在编辑框上选择"清除格式"，如图 2-45 所示。

图 2-45

2.5.2.2　诡异的首行缩进问题

无数微信公众号运营者发现，官方后台编辑器十分傲娇，很多文章在编辑时，明明已经首行缩进了几个字符如图 2-46 所示，在手机上显示时，却还是向左对齐的，如图 2-47 所示是编辑后手机上的显示。

图 2-46

图 2-47

造成这种匪夷所思现象的原因暂不明确，但是解决方法很简单，我们仍然选择"清除格式"选项，再重新把每行开头进行缩进，这样发出来的图文信息就有首行缩进了，如图 2-48 所示。

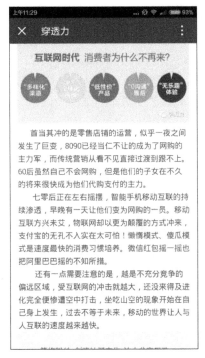

图 2-48

　　我们看到图 2-48 是清除格式后，手动首行缩进的显示结果，没有出现向左对齐的情况。再仔细看图 2-48 的三段文字，细心的读者会发现，每段文字首行缩进的距离不一样。

　　作者在编辑这三段文字时，第一段文字首行空了 6 格，第二段文字首行空了 7 格，第三段文字首行空了 8 格，这样在编辑后台看每段都不是首行缩进 2 格，而是很多格，如图 2-49 所示。但在手机上最终的显示效果来看，明显是第二段的首行缩进与上下文文字最对齐，也就是首行空 7 格时，文字能够上下对齐。

　　尤其要注意的是，当你保存这个文档，再次打开的时候，每个空格就会少 1 格，7 格变成 6 格，6 格就变成 5 格，依此类推，读者朋友可以亲自测试一下这个 BUG，这又是微信编辑后台的"傲娇"之处了。

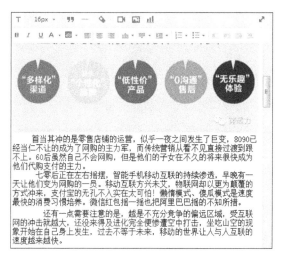

图 2-49

2.5.3　第三方平台辅助排版

微信公众账号编辑后台只给运营者提供了基础的排版功能，也没有提供 html 代码编辑功能（其实早期是有的），而在很多情况下，我们需要更多的美化功能来让内容更抓读者眼球。我们平常也在很多微信公众号中看到不少精美的格式和排版，这些公众账号大多采用了第三方的在线富文本编辑功能来实现这些效果。

目前在网上有很多第三方辅助编辑平台，为广大的微信从业者提供了极大的便利，而且大部分平台基础功能都是免费的，我们在这里以秀米网为例。

首先进入秀米网主界面（打开 xiumi.us），如图 2-50 所示。

图 2-50 中，右边的图文排版就是微信公众账号在线编辑功能，而左边的秀制作就是大家常见的微信"海报"，很多朋友的结婚请帖就可以用这个来制作，比较简单，这里不做过多介绍，大家可以自己去体验一番。

我们点击右边的图文排版跳转到编辑页面，如图 2-51 所示。

图 2-50

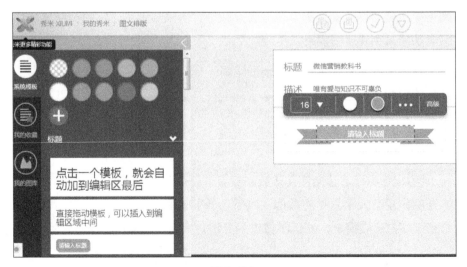

图 2-51

在编辑页面中，秀米网提供了很多模板供使用者选择，也提供了颜色选项，让整个排版变得简单。编辑完成后，直接点击上侧的打钩，复制到微信编辑器就可以了。

值得注意的是，在秀米网生成的图文页面可以单独使用，也可以在朋友圈进行传播，这样发布的图文消息完全绕开了微信公众平台！在微信公众账户内容管控越来越严格的情况下可以利用这一方式来传播。

当然，网上还有很多微信第三方编辑平台可以给大家带来不少便利，需要大家去探索和发现，这里就不一一介绍。

2.5.4　利用代码高级排版

使用代码进行图文内容的排版优化，能达到很多看上去很"高级"的效果，对于初学者来说，如果没有掌握 HTML 或者 CSS 的话，看上去确实很"高级"，对于有一定代码基础的微信运营者来说，却非常简单。

聪明的读者已经知道，其实上一节 2.5.3 中，第三方在线编辑网站就是将相关模板代码写好，供使用者直接套用。

关于使用代码进行排版，网上有大量内容，著名自媒体人士@刘健亮就经常分享他使用代码进行排版的技巧。

以下内容是@刘健亮 分享内容：

（本书作者已得到@刘健亮授权分享，略有更改。原文地址 http://mp.weixin.qq.com/s?__biz=MjM5NjgzNzI0Mw==&mid=10000046&idx=1&sn=a5aa93829b01d1611665e57ae2d10346#rd）

如图 2-52 所示是摘录内容。

图 2-52 是@刘健亮分享的三种格式，那么他是如何用代码实现这三种格式的呢？效果怎么实现的呢？给高手们点拨下，给<blockquote>设置 CSS 样式，比如 border、color、background-color、padding 等。在网页制作工具或其他地方设置好样式，再复制文本，文本的样式就会跑到微信中来。考

虑到有人听不明白，下面详细讲下这三种高富帅效果。

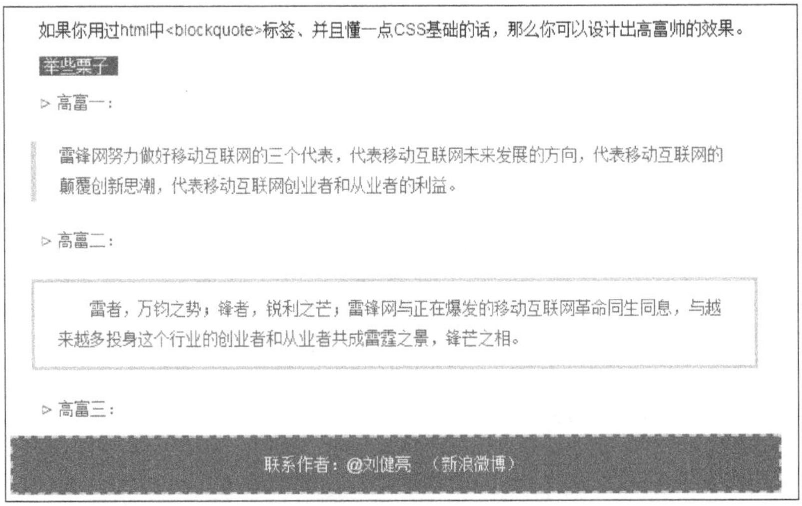

图 2-52

2.5.4.1 高富帅效果 1 剖析

```
<blockquote  style="padding:0px  20px;border-left:5px  solid
#c9c9c9;">雷锋网努力做好移动互联网的三个代表，代表移动互联网未来发展的方
向，代表移动互联网的颠覆创新思潮，代表移动互联网创业者和从业者的利益。
</blockquote>
```

你不需要知道<blockquote>标签是什么意思，英文 style 暗示后面的代码是设置样式用的。"padding:0px 20px"的作用是设置左边距为 20px。"border-left:5px solid #c9c9c9;"的意思是设置左边框，边框的粗细为 5px，样式为实线（高富三样式为点状，dashed），边框颜色为#c9c9c9。关于文字的颜色就没必要在代码中声明了，在微信中即可修改。

代码写好后怎么使用呢？不是直接复制到微信就可以使用的，我们需要在其他地方把网页效果显示出来，再把文字复制到微信即可，而此时的文本保留了 CSS 样式。一个完整 HTML 的文件具有相应的格式，完整代码如下：

```
<html>
<head>
</head>
<body>
```
教程制作：@刘健亮
```
<blockquote  style="padding:0px  20px;border-left:5px  solid
#c9c9c9;">
```
雷锋网努力做好移动互联网的三个代表，代表移动互联网未来发展的方向，代表移动互联网的颠覆创新思潮，代表移动互联网创业者和从业者的利益。
```
</blockquote>
```
转载请注明作者
```
</body>
</html>
```

你只需把上方的文本复制到记事本，并保存为文件名.html 形式，然后通过浏览器打开即可看到效果，如图 2-53 所示。

图 2-53

全选复制网页中所有东西在微信中粘贴，便修改成自己的效果，高富帅效果就诞生啦！

2.5.4.2　高富帅效果 2 剖析

高富帅 2 与高富帅 1 的主要区别是四周都有边框，把 border-left 改成 border 即可。

完整代码如下：

```
<html>
<head>
</head>
```

```
<body>
```
教程制作：@刘健亮
```
<blockquote style="padding:0px 20px;border:2px solid #c9c9c9;">
```
雷者，万钧之势；锋者，锐利之芒；雷锋网与正在爆发的移动互联网革命同生同息，与越来越多投身这个行业的创业者和从业者共成雷霆之景，锋芒之相。
```
</blockquote>
```
转载请注明作者
```
</body>
</html>
```

2.5.4.3　高富帅效果 3 剖析

高富帅 3 的边框样式为点状 dashed，而非实线 solid，另外添加了背景颜色：

```
background-color:#116D8A;
```

完整代码如下：

```
<html>
<head>
</head>
<body>
```
教程制作：@刘健亮
```
<blockquote    style="padding:0px    20px;border:2px    dashed
#c9c9c9;background-color:#116D8A;">联系作者：@刘健亮 （新浪微博）
</blockquote>
```
转载请注明作者
```
</body>
</html>
```

大家可以动手试一下上述代码并查看显示效果，也可以尝试修改其他参数，有什么不懂的可以在新浪微博联系@刘健亮。

使用代码编辑就给大家介绍到这里，如果微信运营者是零基础的话，还是建议使用第三方编辑平台进行设计排版。

2.6　微信公众账号自定义开发应用

微信技术开发的门槛不高，但是对于很多非技术出身的微信运营者来说，依然是高不可攀的。如果从零基础学习代码，等搞清楚 PHP、SQL 之后，恐怕微信都升级了好几个版本了，显然是为了手段忘了目的。

术业有专攻，闻道有先后，一切技术都是为了营销结果服务的，微信营销运营人员考虑的是：是否要做自定义开发达到现有平台条件下那些做不到的效果？

因此，对于个人微信创业者甚至中小企业来说，最快达到自定义开发效果，最好还是购买现成微信第三方平台提供的服务。如果是差异化的需求，也可以在猪八戒等威客网站上发布需求，价格还是可以接受的。

当然，对于有一定技术基础的微信公众号运营者而言，下面的实际操作案例能够让你明白自定义开发的用途。

自定义开发实践案例

（案例提供者：郑正，微博名@郑正的正 http://weibo.com/zzpro（本文已获授权发布）正文如下。）

首先，你要明白开发者模式是什么。简单地说，就是先验证你的服务器地址，验证完成之后，用户一旦发消息，腾讯的服务器就会 POST 一个 XML 格式的数据到该地址上。

你的服务器接到数据后，你自己设计一套程序，输出一个 XML 格式的结果，腾讯的服务器会自动抓取，最后返回信息发送给用户。这个过程如图 2-54 所示。

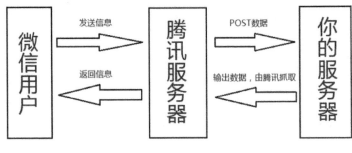

图 2-54

而你能做的就是在你的服务器上，发挥你的聪明才智，设计出各种有趣功能程序的逻辑实现。例如那些"天气预报""公交查询"等功能，说到底就是在服务器上实现的。所以想要使用开发者模式的话，需要学习一门服务器端脚本语言。

对于初级开发者而言微信公众平台有两个弊端。

弊端一： 无法获取用户的微信号和昵称

分析微信 **post** 的 **xml** 数据：

```
<xml>
<ToUserName><![CDATA[toUser]]></ToUserName>
<FromUserName><![CDATA[fromUser]]></FromUserName>
<CreateTime>1348831860</CreateTime>
<MsgType><![CDATA[text]]></MsgType>
<Content><![CDATA[this is a test]]></Content>
<MsgId>1234567890123456</MsgId>
</xml>
```

本以为 openid 会是用户昵称或者微信号什么的，发现腾讯很不厚道的一点，FromUserName 只是一个加密的串，如图 2-55 所示是我记录的部分 openid。

n	openid
1	obFzSjt2JP3MTzOL53Xyw8detKYQ
2	obFzSjtBZVGokG6Ge5QVgGsy7EVU
3	obFzSjk4QcEqEZ9jd3qAPhOGQEf4
4	obFzSjjTcgBC1onLdj1AHTEd3ilo
5	obFzSjgEOavCL1596XN1IT3n9J9E
6	obFzSjg5Ez_evPsIMoW6PN5WqScY
7	obFzSjpnY7-bU-LdX4YAQ5PNbyfE
8	obFzSjhz2XW4LhvL8qQQXOb2Cfck
9	obFzSjjwKYkzcVV_wpIgp1d5qC2Y
10	obFzSjr1Q5bGk3u98LrtotugZWjU
11	obFzSjgdSaOp1hIMVHTmlRSmr5ug
12	obFzSjj9J7zwOk1-EKqV6rLDKHIc
13	obFzSjnPTjU1YejH4wEQOxbExkuk
14	obFzSjh17MkOTDJtPwJu8-1MBUUc
15	obFzSjnkQy2MHmj7OBJJ8re7zZsA
16	obFzSjuPvYzZUfWiAlanX9K42R94
17	obFzSjmgbXSHsjRan8XnZocNiysO
18	obFzSjlz-WjDn15CPMwKu-OYCM2c
19	obFzSjuXaC7N86ATfec4B3_Qux88
20	obFzSjkpERtNKeP16CpHIqCmFGuY
21	obFzSjrbfQyHukGso85Bl1yl4Ifs
22	obFzSjrOPKrhgZicD-xBSE21n9oQ
23	obFzSjt1Je8iyD1qT8EKyEN2CffQ
24	obFzSjug4LzKWpRpAzH1MuJEjL4M
25	obFzSjtL3-Zi1rmajZV_Bsdu9tFw
26	obFzSju991frpBSM8rszLLYpRn2g

图 2-55

简单地说，就是你没有办法获取到用户的微信号和头像。通过认证之后，使用高级接口才可以。

对比一些第三方的微信平台，这是某些微信第三方平台所提供的功能，如图 2-56 和图 2-57 所示。

图 2-56   图 2-57

　　而这些第三方平台之所以有存在的价值，利用的就是信息的不对等。准确地说，就是欺负一般微信运营者不懂技术。用他们的平台，可以让不懂技术的人也能实现查快递、查询天气等功能。

　　所以要想知道能实现什么功能，你先要知道开发者模式有哪些接口。先打开微信公众平台后台，点击开发者中心，看看你目前有的接口权限，如图 2-58 和图 2-59 所示。

类目	功能	接口	每日调用上限/次	接口状态	操作
	基础支持	获取access_token	2000	已获得	
		获取微信服务器IP地址		已获得	
		验证消息真实性	无上限	已获得	
	接收消息	接收普通消息	无上限	已获得	
		接收事件推送	无上限	已获得	
		接收语音识别结果 (已关闭)	无上限	已获得	开启
		自动回复	无上限	已获得	
	发送消息	客服接口		未获得	
		群发接口		未获得	
对话服务		模板消息（业务通知）	1000000	已获得	
		用户分组管理		未获得	
		设置用户备注名		未获得	
	用户管理	获取用户基本信息		未获得	
		获取用户列表		未获得	

图 2-58

		获取用户地理位置(已关闭)		未获得	
	推广支持	生成带参数的二维码		未获得	
		长链接转短链接口		未获得	
	界面丰富	自定义菜单	详情	已获得	
	素材管理	素材管理接口		未获得	
	智能接口	语义理解接口		未获得	
		获取客服聊天记录		未获得	
	多客服	客服管理		未获得	
		会话控制		未获得	
功能服务	微信支付	微信支付接口		已获得	
	微信小店	微信小店接口		未获得	
	微信卡包	微信卡包接口		未获得	
	设备功能	设备功能接口		未获得	
	网页账号	网页授权获取用户基本信息		未获得	
		判断当前客户端版本是否支持			

图 2-59

所有的功能，都是基于这些接口的。以下我用自己开发过的《英雄小助手》为例（如图 2-60 所示），使用"接收用户消息"这个接口，再配合上数据库操作，就可以实现记录用户角色信息的功能。

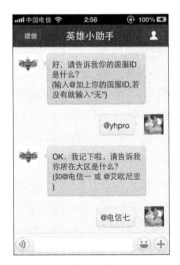

图 2-60

用自动回复在和用户聊天的过程中,我已经把用户的ID和大区记下了,这些都是通过程序自动实现的, 如图 2-61 所示。

n	openid	fakeid	nickname	date	gameid	server	rank
4	o-jcVt5FKX_4S8BLhpkoYnzufrno	248317680	zzpro	2014-04-22	yhpro	电信七	
5	o-jcVt6vkvji6dH7TXVJL8MWxGNGo	74162120	龍	2014-04-22	醺醺醺		
6	o-jcVt8OB3czKDWiaEleGFGth9dI	1399438960	杨辉	2014-04-22	xiaohl	电信七	
7	o-jcVt3VojFuumDabXV7VHLetQ-Q	843276420	A》东洋	2014-04-22			
8	o-jcVtz7IK-dHnR89ZnU3kmfFiOw	1746242060	断线重连中	2014-04-22	删不去的回忆	电信四	
9	o-jcVt9HC8TEGGY8AQRLKCOuS3Dc	53259005		2014-04-22			
10	o-jcVt0MccJJnd0JOuFroXGZIen8	1612218460	Jc.丶	2014-04-22	我是周瓜皮	电信一	
11	o-jcVtwa0BtalEIT_MrpPQETOYVM	87059525	五十五公斤的小体格丶	2014-04-22	DD的3BB	网通二	
12	o-jcVt_tiBCakrXu9Qmigw5hQg0I	23747405	大狄丶	2014-04-22	莫陌莫陌莫	电信十八	
13	o-jcVtyfdgBokg030FSBXmE_-MuE	1183032583	震潮的树语少年	2014-04-22	安落大教	电信一	
14	o-jcVt00WfuYdeiZqAk1U9Bib65I	2931393421	达达	2014-04-22			
15	o-jcVt5F9UTjxoUwIlcKN4wo30Ho	1878120740		2014-04-22	魔术麦迪	电信七	
16	o-jcVt9sE8GjexkBBxz5904gIieQ	2327708481	Ord1nAry° 平潇	2014-04-22	寂夜C	电信九	
17	o-jcVt-gBAehQ32kHCC_my2xFY£Y	28197175	ChenSir	2014-04-22	诺基亚105	网通六	
18	o-jcVt248bPf2yEzH6F6PCqGCj-4	2687780101	木木	2014-04-22	刀刀慧	电信三	
19	o-jcVtyHAjDgYDUTrH4Q4zmHTFNo	399755155	我不萌,我不呆!	2014-04-22	871483918	电信十二	
20	o-jcVt88EMGiz1P4oYT2uzzMIQ	150082975	思结糖果· · · · ·	2014-04-22	无	无	
21	o-jcVtxqDtPYoho9NBRmahXggxSU	1190995200	隐性1990、	2014-04-22	專蛇X	电信九	
22	o-jcVt5i6y3R_kKroyTyp4Xd5k7U	93441295	cs12388	2014-04-22	cs12388	电信二	
23	o-jcVtz9t205gtMNaelEVgbckvnrc	345736095	"淡忘"似水流年	2014-04-23	和我来玩吧!	电信八	
24	o-jcVt4A_C1UHtYw-QDlxnLkPpGg	3599565	张学新	2014-04-23	无	无	
25	o-jcVt7tBiGzpn90g2RB6vsswqMQ	1295062664	超哥· · · ·	2014-04-23	无	无	
26	o-jcVt54q9yb50Dk13oZ41291jmU	2882606460	靖天	2014-04-23	7220000	电信二	
27	o-jcVtxhP1tVdEmNmjRJP1lzò89g	1402383560	W"	2014-04-23	十万救军	网通一	
28	o-jcVty9dwGrZxCOi2hDwX5eDwOA	626857000	ho ho ho	2014-04-23	漫天风雪	电信八	
29	o-jcVt0Mfi3z9-j1f1Kj22tdpAGI	32693025		2014-04-23	xxoor	电信七	
30	o-jcVtzka5DzqDw0qvadSjVoivqs	936393300	占婉婕	2014-04-23	暴走弑神1	电信六	
31	o-jcVt3fb3aGCzmKx8c9Dj-wrLVs	367556880	辉	2014-04-23	无	无	

图 2-61

高级接口是需要认证的，认证之后，你就可以有这些接口：

- 语音识别客服接口
- OAuth2.0 网页授权
- 生成带参数二维码
- 获取用户地理位置
- 获取用户基本信息
- 获取关注者列表
- 用户分组接口
- 上传下载多媒体文件

把这些接口好好利用起来，发挥你的想象力，可以实现很多功能。

例一：

利用"获取用户基本信息"接口获取到用户性别、头像、微信号等信息以后，你就可以开发一个交友类的微信公众账号。

比如我之前开发的打分交友，如图 2-62 所示。

图 2-62

例二：

发挥想象配合新浪微博的接口，我开发了一个"我爱的 ta"微信号。使用方法很简单，先绑定你女神的微博，女神一旦发新微博或者删微博，这个微信号就会第一时间提醒你，如图 2-63 所示。

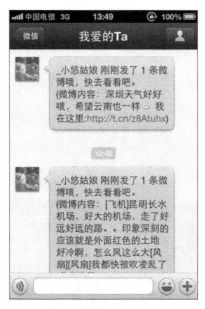

图 2-63

例三：

再比如，利用"获取用户地理位置"接口你可以开发一个微信号，自动帮你寻找附近的餐厅。微信开发模式所实现的功能，主要是在和微信号对话的时候用到。而微信除了开发者模式，还有一个很重要的领域，就是移动网页。微信说白了就是一个聊天工具＋内置浏览器。

只要你会一些技术，就可以在 3G 网页上开发出很不错的东西。比如在"LOL 面相测试"上传一张照片，可以自动识别以及打分，如图 2-64 和图 2-65 所示。

图 2-64

图 2-65

甚至可以利用微信开发 HTML 5 游戏，比如最近很火的围住神经猫，说白了就一个 HTML 5 网页。利用"接收图片消息"接口，再做一个移动端的网页，就可以实现这个"LOL 照片墙"功能。只要直接给公众号发照片，就可以上墙，如图 2-66 所示。

在"照片墙 - 英雄小助手"页面就可以查看用户分享的照片了。后来我利用"OAuth2.0 网页授权"接口，开发了一个文章评论功能，还可以给推送的文章加入评论功能，如图 2-67 所示。

只要能明白微信开发者模式的原理，再加上你的灵感和想象力，就能实现非常多很有趣的功能。

图 2-66

图 2-67

2.7 微信公众账号的奇淫技巧

2.7.1 如何注销微信公众账号

微信公众账号后台中，没有注销账号的选项，也就是只要注册成功就无法注销该账号。

不过根据《微信公众平台服务协议》第 5.6 条的约定，三种情况下可以注销账号，分别是：

- 自申请后 80 日未完成注册的账号。此类账号的申请注册流程将被终止，终止后，原注册所使用的邮箱信息可用于申请注册新的微信公众账号。

- 完成注册后，连续 210 日未登录的微信公众账号。此类账号被终止使用，终止后，原注册所使用的电子邮箱、身份证号码、微信号等信息可用于申请注册新的微信公众账号。

- 在使用过程中，违反了法律法规、《微信公众平台服务协议》等相关协议、规则的微信公众账号。此类账号将被终止使用，终止后，原注册所使用电子邮箱、身份证号码、微信号等信息不可用于申请注册新的微信公众账号。

所以，要么能耐心等到 210 天（7 个月）不登录账号，要么违规使用账号，才能够将账号注销，如图 2-68 所示。

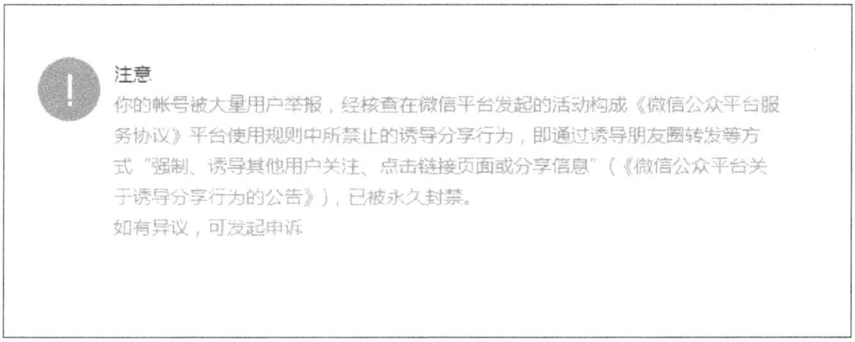

注意
你的帐号被大量用户举报，经核查在微信平台发起的活动构成《微信公众平台服务协议》平台使用规则中所禁止的诱导分享行为，即通过诱导朋友圈转发等方式"强制、诱导其他用户关注、点击链接页面或分享信息"（《微信公众平台关于诱导分享行为的公告》），已被永久封禁。
如有异议，可发起申诉

图 2-68

图 2-68 就是用被注销的微信公众账号登录后的页面，因为如果你真的想注销一个微信公众账号，发布一些敏感话题（如黄色类、政治类），然后自己举报自己是最快的！

2.7.2 关于公众号刷粉丝和刷阅读量

与微博的公开性不同，普通用户看不到微信公众号的粉丝。所以在微博上流行的加粉在微信上的意义不大，唯一的用处就是凑够 50000 粉丝开通流量主。

作为普通用户只能看到该图文的阅读量和点赞量，如图 2-69 所示。

所以，很多微信营销号开始在阅读量和点赞量上动脑筋。市场上也出现了很多代刷阅读量的组织，如图 2-70 所示。

图 2-69

读普通价一千10元，金牌代理价约一千4元6角

我们的F质量杠杠滴，该有的全有，像胶一样，沾上就掉不下来~~

详情联系旺旺或者QQ

▌看了该宝贝的人还看了

微信加分　一万八十　扫码关注

图 2-70

在图 2-70 中，我们看到阅读量 1000 的报价是 10 元，成为代理之后只要 4 块 6 就能刷 1000 粉。据了解，加入刷粉平台的代理资格的价格在数千元。

那么刷了阅读量有什么用？

我们打开一个接单群，如图 2-71 所示。

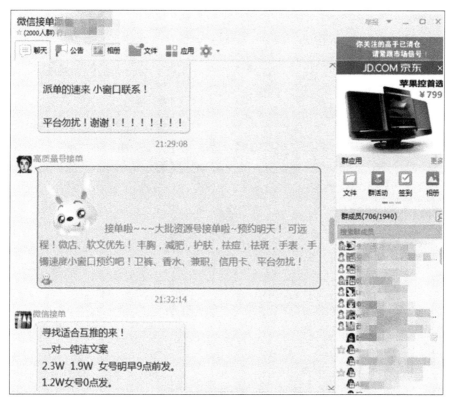

图 2-71

接单就是微信公众号接广告发广告的意思。我们看到很多公众号标出了自己账号质量和接单类型。

作为广告主，判断一个公众号是否有质量，关键指标就是粉丝数和阅读量。有些情况下，阅读量代表打开率，比粉丝数更重要。所以营销型公众号需要通过刷粉、刷阅读提高身价，接单时的开价也会更高。同时，广告主肯定会浏览该公众号的历史信息，所以刷阅读需要该类型公众号长期保持。

2.7.3 图文消息的推送时间

哪个时间段是微信图文消息最佳的推送时间段？

其实没有一个准确的答案，关键看你的公众号是什么类型的。

我们可以参考"新媒体排行榜"公众号 7 月 9 号发布的统计数据 [1]，如图 2-72 是样本公众号发布时间规律。

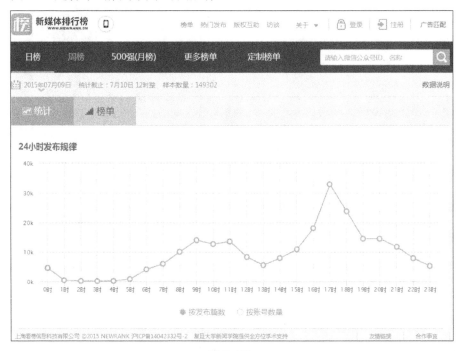

图 2-72

从 2-72 图中可以看出，早晨 9 时至 11 时、下午 16 时至 21 时都是发布

---

[1] 数据来源：http://www.newrank.cn/public/info/list.html?type=chart&period=day

的高峰时段。为什么下午 17 时是发布最高峰呢？因为上班族五点之后下班，下班途中是微信公众号阅读量最大的时间。

从账号类型上来看，如果你的账号定位是励志型，那么在早晨 8 点到 9 点发布最好，一日之计在于晨，在上班路上喝一碗励志心灵鸡汤，让用户全身充满正能量。

如果你的账号定位是乐趣型，那么早上 11 点左右发布，正好是用户早上工作 2 个小时后出现的懈怠时间。

如果你的账号定位是情感型，那么下午 5 点之后发布，满足用户看热闹的心态。而深度文章和视频型的账号，建议在晚上 8 点之后发布，一方面满足了用户的阅读时间，另一方面用户可以在有 WIFI 的环境中来观看视频。

2.8 本章总结

本章从最简单的公众号注册开始，详细阐述了注册流程以及微信后台编辑方法。这也是所有微信公众号初学者必须通过的一关。目前互联网上有大量第三方辅助编辑平台，可以极大节约编辑成本。

最后强调一句，认证之后的微信公众号千万不要使用未经授权版权的图片！

第3章
微信公众账号的定位与内容

通过对第 2 章的阅读，很多人可能觉得微信公众账号不过如此，无非是简单基础的排版应用。的确，随着微信公众账号后台功能的不断完善，让很多新人能够轻易上手。而微信编辑这种新生事物导致巨大的信息不对称，让基础排版成为普通人眼中的一门"技术"。微信营销新手很容易沉迷于这种新"技术"带来的快感。

不过，学会微信基础使用只是第一步，学会微信营销才是我们的目的。微信公众账号只是一个工具，如何通过这种新兴工具更好地创造我们所需要的价值，才是我们所要的结果。在接下来的章节，我们将学习更多的微信与营销结合的知识。

因为只有将微信与营销结合起来，才能达到我们预想的结果。因为不管有多厉害公司背景的公众账号，如果没有良好的定位，也难以吸引用户的关注。不管有多优质内容的公众账号，如果没有有效的传播方式，也难以得到大众的认可。社会上有再多的热点，如果不能很好地利用，也只能看着机会白白流失。这一切都是推广的内容。

3.1 微信公众账号的定位

当我们翻开手机微信的订阅号列表时，有多少订阅号你已经很久没有打开了？有多少订阅号是不知所云的？有多少订阅号令人感觉食之无味弃之可惜？

这些订阅号都是没有灵魂的。

定位，就是给订阅号赋予灵魂。

3.1.1 为什么要进行微信公众账号定位

很多微信公众账号纯粹是为了应付而存在，甚至不是应付用户，而是应付公司的老板。这样的微信公众号，自然无法得到用户的关注。

很多微信公众账号内容风格变化无常，每天发布的内容与账号名称及介绍风马牛不相及，让用户捉摸不透，难以形成有效记忆点。

很多微信公众账号功能繁杂，明明是企业名称类型的账号，却夹杂天气预报、快递查询等入口。或者运营人员仅仅为了满足发布数量的考核，发布与企业性质无关但又吸引人的明星八卦。可能用户数及阅读数上去了，但是得到的粉丝大多是无效粉丝。风马牛不相及的内容反而让原本忠实的粉丝模糊了对企业的印象。因此没有准确的微信账号定位，就无法达到我们做微信公众号的预期。

所以面对这些问题，首要解决的问题就是账号定位。

所谓定位，就是明确自己的用户是谁，并努力让自己达到用户心中的期望。

3.1.2 如何进行微信公众账号定位

给微信公众账号做有效定位，运营者首先需要给自己提几个问题。

问题一：做这个微信公众号的目的是什么？

这到底是一个宣传的窗口？是一个 O2O 服务的平台？还是希望通过内容吸引粉丝，积累粉丝后达到卖广告的目的？

如果你仅仅是应老板要求，给企业开通一个微信公众账号，那你肯定会比较迷茫。因为你不知道接下来该做什么，同时你的老板也不知道要做什么，因为你的老板也是第一次面对微信公众账号这种新鲜事物！他期待你的结果，你期待他的指导，最后的结果就是双方互相埋怨。

如果你仅仅是看了一篇微信公众账号赚得暴利的新闻报道，就马上进入微信来淘金，那你很快会对残酷的现实感到疲倦。因为只有极少发生的事情才会变成新闻，而这种刺激性的新闻又会让更多人进场，更多人进场又让通过微信公众账号赚得暴利这种新闻再次发生的几率变得更低。所以做微信营销千万不要有一夜暴富的梦想，很可能你所看到的新闻本身就是一篇推广软文。

如果你仅仅是某个话题的爱好者，希望通过建立微信公众账号来传播和集聚一群拥有同样爱好的用户，你会很快发现你的付出远远大于回报，往往绞尽脑汁写完三篇专业的图文消息之后，就再也没有动力继续写下去，如果文章写得还过得去，很快又会发现抄袭者获得的粉丝比你还要多。

在早期粉丝红利期的情况下，也许几篇过硬的文章还能吸引不少粉丝，不过 2014 年之后这种情况越来越少，兴许寥寥无几的用户回应还是冷嘲热讽（如果真的有回应的话）。

定位并不能解决以上所有的问题，但是营销定位至少能告诉我们正确的道路该怎么走。例如对于某类话题爱好者建立的微信公众账号，通过定位不能解决账号如何变好的问题，但是通过对定位的了解，我们会知道这个账号也许本来就不应该建立。

问题二：这个微信公众号的用户是谁？

我们建立的这个微信账号是给谁看的？

是企业产品的消费者？是新生儿的父母？是公司内部的员工？是本地交友人群？是园区内入驻的企业？还是某种兴趣某种话题的共同爱好者？或是全体网民？

人群定位的问题看似简单，但是做着做着就很容易跑偏，很多运营者容易被社会热点所吸引，很容易带着主观的情绪来制作和传播内容，例如一件引发民愤的公共事件出现之后，很多微信公众账号运营者，出于个人正义感在公众账号上进行批判和传播，虽然出发点是好的但是潜移默化地降低了账号的专业度，让这个微信公众账号的定位变得模糊。所以聪明的微信公众账号运营者，总是能从本账号的特点来切入某个热点公共事件。

如 2015 年 3 月的两会上，李克强总理首次提出了"互联网+"。"互联网+"迅速成为热词，而微信公众号"微信研究院"迅速将"互联网+"与"微商"结合在一起，及时发布一篇图文进行传播，如图 3-1 所示。

图 3-1

所以，除非你所运营的账号是新闻媒体类账号，对于社会新闻最好找到一个合适的切入点进行解读和结合，这就是基于账号性质的内容定位，这方面内容我们会在下面的内容中讨论。

需要特别注意的是，2014 年 8 月，国家互联网信息办公室发布《即时通信工具公众信息服务发展管理暂行规定》，其中第七条规定："即时通信工具服务使用者为从事公众信息服务活动开设公众账号，应当经即时通信工具服务提供者审核，由即时通信工具服务提供者向互联网信息内容主管部门分类备案。**新闻单位、新闻网站开设的公众账号可以发布、转载时政类新闻，取得互联网新闻信息服务资质的非新闻单位开设的公众账号可以转载时政类新闻。其他公众账号未经批准不得发布、转载时政类新闻。"**

因此，发布转载时政新闻门槛极高，没有取得新闻资质的普通运营者需要避开这一条高压线。

当运营者明确做这个微信公众账号的目的和用户定位之后，我们开始对用户进行画像描述。例如一家本地居民小区街边的化妆品店的微信公众账号，那么这个账号的用户特征如下。

- 用户来源：进店消费者为主。

- 用户性别：女性居多。

- 用户地理位置：大部分是本地人，本小区居多。

- 用户消费水平：与门店内经营产品层次相关，与周边地段小区人群相关。

- 用户主要特征：爱美、爱打扮（所以要买化妆品）。

- 用户年龄层次：18～35 岁，与门店经营产品层次相关。

以上 6 点是用户基本特征，我们还可以不断地总结出潜在用户的基本特征，让自己的用户越来越具体化。有了基础的账号定位之后，账号发布的内容就比较清晰。例如这个账号发布的内容可以是化妆品新品上市、女性情感、时尚八卦等。

再如一个物流园区开设的微信公众账号，那么这个账号的用户画像是什么呢？

- 用户来源：园区内的物流企业从业人员、发货的顾客。

- 用户性别：男性居多。

- 用户地理位置：一部分是本地人，相当比例的外地人（物流企业的性质决定）。

- 用户消费水平：行业平均水平。

- 用户主要特征：商务人士、中小企业主。

- 用户年龄层次：20 岁以上。

我们还可以不断地总结出潜在用户的基本特征，用户画像越清晰，运营人员对自己所要发布的内容越清晰，那么这个物流园区的微信公众账号可以发布物流快讯、预警提示、创业资讯、成功励志等方面内容。

因此，对微信公众账号的定位，就是了解自己的用户，并做出符合用户预期的内容，我们所做的定位，就是更好地服务我们"用户画像"中的用户。如果一家物流园区微信公众账号发布"为什么受伤的总是女人"这种图文信息，一家化妆品店发布"是男人就别问的 10 个问题"这种图文信息，一定会让原来的用户发生认知模糊，进而对该账号和该账号代表的企业产生认知偏差，也让消费者在潜意识中降低对该账号的信任度。

3.1.3　定位的注意要点

定位就是明确你的用户是谁，同时让你的用户知道你是谁。每一个用户的记忆点是有限的，例如，说起可乐大部分人只能想起两个品牌，说起凉茶大部分人也只能想起两个品牌。这就是定位中的数一数二原则。第三名的市场份额和在用户心目中的地位几乎可以忽略不计。

对于很多微信公众号创业者，粉丝数量的多少直接决定了广告收入，因此大多数人选择受众广泛的话题作为账号定位。例如笑话、女人、感情、健康等。这些话题几乎覆盖全体网民，都是自然搜索量非常高的关键词，有些话题关键词甚至被微信官方屏蔽，例如"美女"。

所有人都知道，自然搜索量高，推广起来更方便，于是所有人都开始起这样的名字。有一个营销原理，叫"垫脚原理"，意思是大家长得差不多高时，一个人踮起脚，这样能看得更远从而获得更多好处，后来大家都模仿他，当所有人都垫起脚之后，大家又是差不多高了，大家的视野也都一样了。

所以，如果你定位成一个专门讲笑话的微信公众账号，那么你的用户几乎是所有人，但是基于讲笑话的门槛极低，因此也会有无数个讲笑话账号在和你的账号竞争。不信你现在在微信上搜一搜"笑话"这两个字，含有"笑话"的认证账号就有上千个，何况还有更多未认证的同类账号。那么，作为一个普通用户，你会订阅几个"笑话"类的账号呢？往往一两个就已经足够（数一数二原则）。

所以，我们需要把"长尾理论"应用在对账号的定位之中。长尾理论的解释是**由于成本和效率的因素，当商品储存流通展示的场地和渠道足够宽广，商品生产成本急剧下降以至于个人都可以进行生产，并且商品的销售成本急剧降低时，几乎任何以前看似需求极低的产品，只要有卖，都会有人买。这些需求和销量不高的产品所占据的共同市场份额，可以和主流产品的市场份额相当，甚至更大。**简单来说，长尾理论就是网络时代中，对细分区域的关注能带来和主流区域相当或者更高的回报。例如"笑话"两个字覆盖面非常广，但是"冷笑话"就是"笑话"的一个细分领域。最近，"冷笑话"这三个字慢慢变热了。如果你起一个叫"闽南语笑话"的账号，就显得更为细分。

因此，对于话题类账号细分市场，有时反而是一个更好的选择，移动互联网让有共同爱好的人走到一起，哪怕是一个很小众的爱好，哪怕只有万分之一的人喜好，乘以 13 亿人口之后，全国也有 13 万人是同好中人。这足以养活一个话题类账号了。而对于企业性质的微信公众号，一定要说符合自己企业身份的话，做符合企业性质的活动，这是定位的最低要求。而对于社会热点内容，必须结合自身企业的特点切入，强行找切入点往往会适得其反。

3.2 公众账号发什么内容才好

当我们明确微信公众账号的定位之后，我们就要准备好基于该定位所需要的信息内容。用户看的是内容，用户传播的也是内容，内容永远是最有价值的，因此能否选择合适的内容形式，让内容的可传播性更高，是我们必须掌握的关键点。

3.2.1 微信公众账号发布内容形式选择

众所周知，微信公众账号发布信息的形式是多样的，可以是文字，可以是语言，可以是视频，可以是图片，也可以是图文消息。这取决于账号的定位及用户的使用习惯。

3.2.1.1 语音消息的优点与缺点

语音消息是最具有亲和力的形式，它不再是冷冰冰的文字和图片，而是一个活生生的真人。因为我们不会和一个微信公众账号成为朋友，我们只会和一个活生生的人成为朋友，因此语音消息更容易建立信任感。这也对微信运营者本人要求更高，语音消息的发布常见于自媒体微信公众账号，另外像王力宏等很多明星，也经常使用微信公众号发布语音消息，让粉丝听到明星在自己手机里发声，拉近自己与粉丝的心理距离。我们也经常见到过年的时候，一些微信公众账号使用语音来拜年等。

通常来说，相对男性的声音，女性的声音亲和力更高。试想一个声音甜美的女性，用温柔酥软的语音向你传播一个信息，不管信息本身如何，这甜美的语言已经让用户很舒服，这也是为什么绝大部分电话客服都是女性的原因，甚至电话自动应答一般也都是女性的声音。

而语音消息的缺点是无法进行朋友圈转发，也就是无法进行二次传播，同时语音消息需要"听"这个二次动作。用户在不方便听的时候，可以长按消息转换成文字，如果普通话不够标准，那么转换成的文字也是失真的。一般来说，语音消息可以配合图文消息来运用，但这就存在一个从语音消

81

息到图文消息的转换率问题。

所以，对于语音消息的编辑，需要有个好嗓音和字正腔圆，需要专业的录音设备，很多语音消息背景声音嘈杂，用户无法听下去。同时，发布语音消息需要在最长 60 秒钟时间内迅速 GET 用户的注意点的素材，也需要选择用户最愿意听的时候发布。

运用语音消息最出色的公众账号，就是著名的微信公众号"罗辑思维"，创办人罗振宇每天早晨六点半左右发布一条长达 60 秒的语音消息。这 60 秒语音消息已经演化成了一次清晨脱口秀，也成为大量用户的清晨必修课和闹钟，因为没有人早上六点多就开始陷入深深的人生思考，当整个人还处于睡意朦胧的时候，当正在刷牙无法用手翻阅手机的时候，"听"这个动作是此时此刻最舒服、最恰当的动作。而一个小时之后，这些用户往往淹没在嘈杂的城市交通之中，就不那么容易听清楚了。

值得注意的是，在每次 60 秒语言消息结束之前，"罗辑思维"还会抛出一个悬念，让用户回复某个关键词（注意此处的互动），再推出一篇图文文章详细阐述或引申语音消息的内容。而这篇图文消息可以进行二次传播（在朋友圈）。同时因为这篇图文消息是用户主动回复关键词获取的，其传播的动机相对会更大。

观察"罗辑思维"微信公众号，有很多值得微信从业者学习的，且不说内容如何，首先用语音的形式配合恰当的时间点，在一个小众的时间段（六点半）成为方便的获取资讯的方式（60 秒的脱口秀，60 秒的收音机）。其次，先语音再通过关键词回复图文的互动方式，让"罗辑思维"每天变相发布了两条内容，这种巧妙的设计确实值得借鉴。

3.2.1.2　文字消息的优点与缺点

文字消息的编辑和发布是最简单、最直观，也是最省流量的。很多场景下，用户打开图文消息是要耗费时间和流量的，同时打开图文消息这也是一个动作，用户每多一个动作，就多一个流失率。相比其他消息，文字消息直接就能让用户看到内容。

文字消息的缺点也是显而易见的，主要是无法承载更大的信息量，文字的表现形式也是比较单一和枯燥。所以，一般通知类的短消息用文字消息来表达比较合适。

3.2.1.3 图片消息的优点与缺点

图片消息可以成为文字消息的升级版，将文字以图片的形式表现出来。一图胜千言，图片的表现力度也强于文字。缺点是比文字消息耗费更多的流量。日常活动的时候可以发布图片，发放优惠券的时候可以发布图片。

3.2.1.4 视频消息的优点与缺点

因为视频消息可以放进图文信息中发布，因此很少有直接发视频的微信公众号。而且视频文件相对较大，非常消耗用户流量，即使发布了视频消息，用户还不一定敢打开观看。另外微信规定，微信公众账号发布的视频消息大小不得超过 20MB，也限制了很多视频内容。

所以，微信公众账号发布视频消息是比较少见的，当然也有不法分子使用该功能发布色情视频，一般采取包月的形式收取费用，每天发布一段黄色视频，如图 3-2 所示。

新华网 法治 > 正文

深圳男子微信公众号推送淫秽视频2000多次被刑拘

2014年09月15日 09:24:05 来源:羊城晚报 分享到: 2

昨日，深圳警方发布消息，嫌疑人杨某伟建立微信公共账号，以回复信息的方式推送2000多次淫秽视频，该公众平台有200多名好友。目前，杨某伟已被刑拘。

9月初，警方接到举报：有一微信用户利用微信公众平台传播淫秽视频信息。根据广东省公安厅"六大专项"行动统一部署，深圳市公安局及龙岗分局开展侦查取证工作。据侦查发现，该公众平台有200多名好友，嫌疑人在该公众平台发布了多个淫秽色情视频，并向用户以回复信息的方式推送淫秽视频，至今已向他人推送淫秽视频2000余次。

图 3-2

3.2.1.5 图文消息的优点与缺点

图文消息是目前使用最多的形式，集合了文字、图片、音频消息大部分的优点。从 2015 年 7 月 10 日起图文消息内也可以发布语音。

公众号可在文章中添加录制好的语音，且突破一分钟限制。暂时只面向获得微信认证或拥有原创功能的账号公测，如图 3-3 所示。

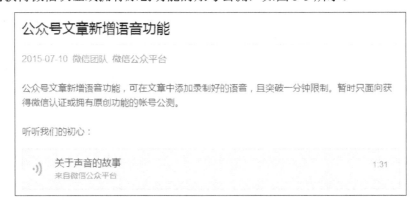

图 3-3

（1）运营者可以在编辑图文消息时，在正文中添加语音，一个图文消息支持添加一段语音，如图 3-4 所示。

图 3-4

（2）可从素材库中添加已有语音，或新建语音，如图 3-5 所示。

图 3-5

（3）用户可以在文章中收听语音内容，可控制播放、停止，且退出当前页面可以继续收听。

3.2.2 微信公众账号需要什么样的内容

无论以什么形式来表现内容，内容本身的价值永远是意义最大的。那么什么样的内容最容易被用户认可、最容易被用户传播呢？简单归纳为以下几点。

3.2.2.1 对用户有价值的干货内容

干货技术帖能够极大提升公众账号的专业感，能极大提升用户的关注度，很多微信公众账号往往寥寥几篇文章就能吸引大量粉丝关注，很多自媒体和微信创业类公众账号，都会有几篇类似"镇号之宝"的大干货，而且这种干货能够广泛地流传在整个互联网圈，能够为公众账号带来源源不断的新粉丝关注。可是写一篇干货文章非常不容易，需要作者在某个领域有长期的积累或独到的见解。

例如，微信公众号"大象公会"的创始人黄章晋有长达 13 年的媒体工作经历，2013 年 7 月他创立"大象公会"，以"知识、见识、见闻、最好的饭桌谈资"为标签提供原创知识性内容，每天发布的内容阅读量极高，如图 3-6 所示。据报道，目前"大象公会"有 50 多位作者，多数作者只有一两篇的稿件量，"大象公会"对于稿子内容有"近乎苛刻"的要求，也保证了内容风格的统一。

图 3-6

对于一般的微信公众号运营者，大干货文章往往可遇而不可求，但是很多小干货还是可以通过自身努力来完成的。无论你身处哪个行业，无论你身处哪个岗位，无论你身处行业的哪个阶段，你都有该行业的积累和经验。也许对于行业大牛来说，这些经验根本不值一提，但是对于大量行业新人来说，大牛的指点往往遥不可及，能够手把手传递基础知识的人，才是雪中送炭，才是接地气。那么这些新人的问题在哪里？其实通过百度贴吧我们都能找到各个领域的小白提问，如图 3-7 所示，这完全可以成为我们创造干货文章的素材来源。"提出问题——阐述发生问题的前因后果——最后解决问题"是干货的标准模式。相信在你所负责的微信公众号所在的领域也一定存在大量的基础问题可以解答,你只需要多花精力去写出坦诚而有趣的答案。

如何才能快速怀孕

问:我是一个新婚的妻子,想在牛年为老公生个宝宝,以前做过人流,但是都很...

答:怀孕的最佳时机 人类与动物不同,动物繁殖常利用春、秋两个最佳季节来繁衍后代。人类则在这方面没有明显的"季节性",一年365天,除了有特殊情况外,都可进行性活动,都有可能怀孕。从优生、优育的角度来看,选择合适的出生季节,把温度变化、疾...

2014-04-28 回答者:亮亮07kfY 1个回答 👍8

如何修改文件后缀名?

答:打开文件夹,选择上方的工具——文件夹选项——查看——把"隐藏已知文件类型的扩展名"前面的勾去掉,这时候文件名上会显示后缀名,用重命名的方式直接修改后缀就可以了。

2007-10-17 回答者:wuqunshan 5个回答 👍1040

如何把视频音乐转换成mp3

答:这个还是自己动手做的好。下载一个中文免费的软件:格式工厂。有了它再不用求人了,并且这个工具软件也会经常的用到。下载安装后,把这个优酷视频下载下来,打开格式工厂,选择"音频"--"所有转换到mp3",点"开始",转换结束,保存后的文件就是...

2014-01-16 回答者:我懂你心声 6个回答 👍12

如何添加网络打印机

问:注:该网路打印机是用DLINK连接到局域网上的,具有固定IP 192.168.0.222...

答:在"开始"菜单中选择"设置"选项,然后再选择"打印机"选项,会弹出打印机窗口,在此窗口中双击"添加打印机"图标,会弹出安装向导窗口。详见:http://www.spaceweather.ac.cn/chinese/faq/faq7.htm (1)在执行"添加打印机"的第三步时,选择"网络打...

图 3-7

3.2.2.2 有趣又好玩的内容

一篇有乐子的内容肯定是受欢迎的,无论是阳春白雪的高端黑,还是群众喜闻乐见的糗事集合,都会受到各自受众群体的喜爱,因为欢乐是所有人的刚需!

既然是刚需,那自然有专门来满足这一刚需的职业分工,段子手就是这群人。段子手的成长历史可以追溯到十几年,那是一个流行手机短信段子的年代,当年就有专业的 SP 业务公司专门雇佣写手编写短信。后来短信业务逐渐萎缩,各类 SP 公司风光不再,段子手群体一下萎缩不少。幸好新浪微博横空出世,各类段子手开始活跃在微博里,又有更多新人加入,他们通过编写各种段子获取大把忠实粉丝关注，有人逐渐成长为草根大号，新浪微博当初也鼓励这些段子手创造内容，因为这些草根大号可以给微博带来大量人气。等到微信得势之后，段子手的阵地又转移到了微信公众平台。

段子手纯粹为了让用户有乐子而创作内容，这一点值得微信运营者学习，那么如何写出有趣的内容？首先要做一个有趣的人。世界不会变，变的是我们对这个世界观察的角度。即使再无趣的新闻，都可以演义一番。就像《三国志》没多少人看而《三国演义》就有大把读者，差异就在于一个是历史事实基础上的演义，一个是严肃的历史记录。

最好的例子就是微信公众平台上很火的公众号"新闻哥"，如图3-8所示。这是腾讯自己运营的一个微信公众账号，每天拥有几十万的阅读量。"新闻哥"把每天发生的新闻作为"食材"，经过一番"烹饪"之后以飨读者。

图 3-8

与微信里面腾讯新闻强制关注不同（强制关注是指注册微信后，用户列表中默认关注腾讯新闻）。"新闻哥"微信公众账号采取独立运营的方式，需要通过有趣的新闻解读来迎合读者。

那么对于普通的微信运营者，没有段子手的思维敏捷，没有腾讯的财大气粗，如何让发布的微信内容变得有趣一点呢？

首先，我们可以通过一些图片的设计让风格变得有趣。比如一个网站http://upuptoyou.com/，你可以将冷冰冰的提示关注的语言用这种方式实现，如图 3-9 所示。

图 3-9

我们还可以修改小人的举牌文字，让整个页面变得更活泼，如图 3-10 所示。

图 3-10

　　此外，对于很多公司类型的账号，想要让内容更生动，更容易被用户接受，必须要做到"接地气"和"说人话"。这也是为什么很多公司将微信公众账号拟人化，例如杜蕾斯微信公众账号称自己为"杜杜"，中国建设银行微信公众账号称自己为"小微"，招商银行微信公众账号称自己为"小招"。

　　什么是接地气？什么是说人话？简单来说，就是文章的立场是站在什么角度，是"你们"还是"我们"的问题。很多企业微信公众账号文章还是上世纪的行文风格，又喜欢自说自话，可见这种微信公众账号的受众只能是公司的领导。而很多中央媒体账号，如微信公众账号"央视新闻"，如图 3-11 所示，从发布内容上看，每条内容都与用户的生活息息相关，非常接地气。

图 3-11

3.2.2.3　让用户有参与感的内容

2014 年小米公司副总裁黎万强出了一本书《参与感》，讲述了小米公司通过用户参与做出好产品，然后好产品通过用户的口碑实现价值传递。也许这本书的标题就点醒了很多人。

回想一下，你是否有被朋友拉去投票的经历？哪怕让你所投票的人你根本不认识，但是架不住朋友的再三邀请还是去投了。你是否也有过拉别人投票的经历？甚至不惜群发投票信息，每天恨不得要发好几遍刷朋友圈。

再回想一下，为什么自己的母校自己可以随便骂，别人骂了你就很不爽？为什么自己养的狗哪怕再丑，也会生怕给弄丢了？

因为只要你能够参与到一件事中，这件事仿佛就成为了你生命的一部分，这件事情与你本身产生了绑定关系。如果去否定这件事情，仿佛就是在否定自己，所以你会不自觉的为这件事情辩护和维护，就像维护自己的声誉一样。更好玩的是，参与的事情结果也影响我们对与这件事关系的评价。就像我们支持的中国足球队，如果打比赛赢了，我们会说"我们赢了"，如果球队输了，我们会说"他们输了"。

因此，微信运营者如果想尽可能地提升用户参与感，需要设置活动让用户能够参与进去，而投票是目前微信中最能激发参与感的活动。为宝宝投票、为宠物投票、为偶像投票、为许多莫名其妙的事物去投票。微信运营者要做的就是找到一个话题点，让用户参与进去。这可以是"最萌宝宝大赛"，可以是"最受欢迎人气奖"，也可以是老生常谈的话题，比如"你支不支持中医？"或者"你支持转基因吗？"。当然用户永远在乎与自己相关的事情，所以宝宝大赛是目前市面上最火的投票项目。

无论哪种投票，用户一旦参与进去，这种将投票与自身形象绑定的反应就会发生。他们开始不断关注投票的实时进程，不断计算票数差距，不断寻找拉票的方式。而本次投票的发起者，可以静静地看着用户为自己发起的活动而奔波，再时不时地发送一些火上浇油的信息，让整个投票战况更加激烈。我们在第 1 章提过，微信后台设置投票时，可以设置成关注公众账号后才可以投票，这种方式能够吸引大量粉丝的朋友成为关注者，很容易发生用户暴增的裂变反应，所以很多微信公众号非常热衷于搞投票活动，每次活动少则涨粉几百，多则几万都是有可能的。

除了投票之外，还有很多提升用户参与感的方式。比如故事征集，如图 3-12 所示，让用户提交自己的故事。

还可以有在线的问答环节，如图 3-13 所示，让用户与公众账号即时沟通，或许以后微信公众平台会推出类似 YY 语音的功能。我们还可以设置抽奖进行互动，还可以开展征婚报名等，通过阅读原文还可以跳转到微信本身实现不了的功能页面。

当然，用户体验最好的互动就是发红包。目前微信公众号还不能直接给用户发红包，但可以通过跳转到第三方浏览器上给用户发红包，如图 3-14 所示。

图 3-12

图 3-13

图 3-14

总的来说，让用户有参与感是一个 UGC 的过程，微信公众号运营者需要设计好游戏规则，让用户按照规则自由发挥，当运营者发布了活动信息，这个活动就属于所有参与活动的人，没有人预料到最终的结果。甚至很多轰动性的网络事件往往是集体无意识的结果，就像当年百度贴吧"魔兽世界吧"那场轰动社会的"贾君鹏事件"，这整个事件过程本身就充满令人着迷的张力。

3.2.2.4　社会热点，微信内容追还是不追

当你想静静地做一个微信公众账号的时候，总有一些账号因为跟风社会热点而用户暴增，这时你会想对于社会热点新闻跟还是不跟？

答案是必须跟，而且要跟紧。

因为即使再高端、再冷傲的用户，他们都生活在这个五彩斑斓的社会里。微信公众账号需要通过社会热点刷出存在感，需要通过社会热点来输出自己的价值观，需要通过社会热点这个东风更好地传播自己，需要通过社会热点不断积累用户对自己的好感。

那么什么是社会热点?可以是时政要闻、明星八卦、突发事件，我们可以从很多渠道知道此时此刻最热话题，如图 3-15 所示是微博热门话题榜。

图 3-15

针对每天的热门话题，微信运营者可以结合自身业务特点，例如，图 3-15 中最热话题是"流量费太高"，做浏览器的微信公众号可以发布《流量费太高，××浏览器据说能省 80%流量》，理财类微信公众号可以《总理发话重大利好，通信行业股票看涨》，甚至八竿子打不着的化学品行业微信公众号也可以发布《上网太费流量，不上网去哪里逛？》等内容。只要热点抓得好，被打开浏览，被转发的几率都会大很大。如图 3-16 所示，四川移动微厅对这个热点反应很快，当天就发布了对应内容。甚至热点抓得好，发布时效得当，内容质量稍微差一点都没关系。

图 3-16

因为每个人都爱看热闹，每个人都害怕孤独，热门话题给了大家一个话题，而通过话题这个纽带，我们可以更好地沟通，更好地把我们要传递的内容提供给用户，用户看到之后，首先就有时代的新鲜感，转发的几率也是相对比较高的。仔细观察用户的转发行为，当用户转发热点内容之后，对于不知道该热点的其他用户，转发者获得先知的优越感，对于知道该热点的其他用户，转发者又会获得一种社会群体认同感。

因此无论对于企业微信公众账号，还是自媒体和微信创业者，社会热点是一定要抓的，而且要比谁抓得快，谁抓得准。任何有传播性的社会热点，都是一个传播自己的机会，都是一阵东风。每天都有社会热点出现，哪怕没有热点，各种媒体也会造出热点。所以每天都会有一阵风，飞不飞得起来就运营者的眼力和手力了。

正所谓：

普通的微信运营者转发社会热点；

优秀的微信运营者解读社会热点；

牛逼的微信运营者制造社会热点。

3.2.2.5 谈谈感情，来点共鸣

如果得不到用户的共鸣，用户只是一个关注者，永远成不了"粉丝"。

对于微信公众账号运营者，需要努力找到能与用户共鸣的点，可以是感情，可以是对社会热点的看法，甚至可以是某段经历的感悟。

首先，感情问题永远是大问题，也是最容易引起共鸣的。

害羞、惊喜、苦闷、烦恼、心痛、难过等几乎所有的感觉名词，都可以用在对感情的描述之中。不管是 70 后、80 后，还是 90 后和 00 后，感情问题永远是成长经历中浓墨重彩的一部分。也正因为如此，人们享受感情带来的喜悦时，希望能够表达和分享，承受感情带来的痛苦时，希望能够得到安慰和排解，就像一旦失恋，就能听懂所有的情歌。

微信公众平台中，情感类的账号非常受追捧，例如微博红人 ayawawa

开办的同名微信公众账号，每日阅读量惊人，如图 3-17 所示，主要内容就
是回答用户提出的形形色色的情感问题。

图 3-17

情场失意的人会关注情感问题，寻找解决问题的答案，希望得到安慰
与负面情绪的排解。对于普通人来说，查看别人的情感问题也满足了人性
的窥私欲，如果正好有内容和自己的想法一致，这无疑得到了一次深度共
鸣和社会认可。

每个情场失意的人都认为自己是受害者，情感类微信公众账号此时要
做的，就是给他们和她们一碗《分手时，请对爱这件事保持最后的良善》
或《此生不能与你共》鸡汤。而且情感类公众账号运营者很快就会发现，
太阳底下没有新鲜事，因为每个人都认为自己的情感问题与众不同，然而
每个人的问题又是大同小异，因此回答情感问题都是那些俗套。

同时，情感类账号运营者需要对人性的把握，需要极大的亲和力。女
性运营者的性别优势更容易体现，毕竟只听说过"知心大姐"，而"知心
大哥"听起来还有点不怀好意。

除了情感类问题能引发共鸣之外，对于社会热点的观点也能引发共鸣。上一节我们提到了微信内容需要紧跟社会热点，那么对每一个社会热点的观点，都可以引发持同类观点用户的共鸣。至于站在哪个立场和角度，又和账号的定位息息相关。

例如，毕姥爷口不择言一夜之间成为社会热点，同情毕姥爷有一拨人，反对毕姥爷有一拨人，看热闹的人更多。用户需要对这件事情有更多的解读信息，所以很多微信运营者立即发布相关立场的内容，事件还原类的有《毕姥爷当晚饭局真相，史上最全完整版【高清大图】》，立场中立的文章有《中纪委发话了，毕福剑能过关吗？》，立场保守的内容文章有《老 B 事件事发第 12 天，终于有一篇最客观最公正的强文诞生！》，支持毕姥爷的文章更是数不胜数，还有跟风八卦的《痛心！毕福剑亲手灭了星光大道，孙海英亲手毁了石光荣！》，娱乐调侃类的有《后毕福剑时代，如何安全地饭局》等。

可想而知，当每个社会热点出现之后，用户需要得到对该社会热点的阐述和解读，需要有与自身立场一致的、共鸣性的内容来发声。微信运营者需要立即跟上热点，如果能够有高质量原创内容推出，那么肯定会得到用户共鸣。

3.2.2.6 新手进化，请从做一个标题党开始

做标题党不可耻，可耻的是连标题党都不会做。

标题党是这个信息过载的时代特色，毕竟每个人的阅读精力是有限的，争取在最短时间内吸引用户的注意力，并打开推送给用户的链接，这就是标题党所要做的。例如当用户打开订阅号列表，面对密密麻麻的未读消息，如图 3-18 所示，只有标题最吸引人的才能诱发用户的点击。或者像"罗辑思维"那样，在所有标题之中唯独他是语音消息。

对于很多刚刚加入微信运营岗位的新人来说，最快容易上手的技巧就是学做标题党。

标题党的原则是尽一切可能提升用户的首因效应。首因效应又叫第一

印象效应，是由美国心理学家洛钦斯（A.S.Lochins）首先提出，反映了人际交往中主体信息出现的次序对印象形成所产生的影响。对于微信图文消息，第一印象是取决于标题和缩略配图，也直接影响打开率，因此标题党是微信运营人员的必修课之一。

图 3-18

常用的标题党手法总结如下。

1. 提问式

提问式的标题一般针对用户息息相关的问题提出问句。需要抓住用户的痛点并放大，用户一好奇就点进去了。例如：

《女人怎么活才不累？》

《你知道为什么 90 后不进你的店吗？》

《什么样的衣服看起来廉价？你知道吗》

《中年的沧桑，谁能体会？看哭了》

《为什么猪八戒走了十万八千里还吃素也没见瘦下来？》

2. 反差型

狗咬人不是新闻，人咬狗才是新闻，标题中事物反差越大，用户的好奇心越大，往往非要点进去弄个明白。例如：

《月薪 3000 与月薪 30000 的文案区别！》

《大爷您都这么厉害了，放过年轻人吧……》

《她 12 岁，供四个哥上大学，哥哥们为她穿孝衣！》

《五男子聚餐后都不愿买单，其中一人倒地装死》

《一个妓女死了，全校学生为她守孝》

3. 惊爆恐吓型

此类标题必须是语不惊人死不休，往往一个感叹号都会嫌少。例如：

《别让手机 WiFi 成为你的艳照门，惊骇！！！》

《极度震惊：这些照片竟然真的来自中国！》

《他怒了在人民大会堂发飙 20 分钟》

《女生单独乘电梯时千万注意！监控拍下这一幕让人后怕……》

4. 口语对话型

标题用日常对话的口吻向用户娓娓道来。例如：

《马上转到你的朋友圈里，大家都会感激你的！》

《"姐姐，你喜欢狗吗，很丑很丑的那种"》

《我没胸、没屁股、没相貌，你还愿意娶我吗？说的太好了！》

《"聂作全，你在哪里？你快回来……"》

《什么叫信任？（故事很短，却道出人性）》

5. 数字型

标题通过精确的数字描述，显得非常正式和客观。例如：

《二十年后你会后悔的 9 件事》

《88 年女学霸如何半年开起 5 家店 | 创业干货》

《世上大概只有 1% 的人能达到的智慧境界，16 种共同特征》

《35 岁前和 35 岁后广告人的 15 个区别》

6. 经历讲述型

经历型的标题都很长，一般讲述了反差巨大的个人经历，例如：

《她 27 岁老公外遇，28 岁离婚，29 岁升职加薪，30 岁有了自己的公司……》

《这两个女人，用了 18 年，又同时站在了国际新闻头条，她们才是真正的励志姐！》

《他追过 25 个女生，都被无情地拒绝了，后来这些女生肠子都悔青了》

《妻子发现丈夫拿着手机在流泪，妻子偷偷看后一夜睡不着……》

7. 悬念型

悬念型的标题一般把话说一半留一半，吊用户胃口，就等用户打开链接查看到底下一句是什么。例如：

《我们狠杀一对美国老夫妇的房子售价，当我们去收房时……》

《深航空姐飞机上不雅照片网上疯传，据调查是……》

《你一定会看错的 20 张图，看到 18 个，我吓到了！》

《中国一对双胞胎被分别领养到美国和挪威，然后……》

《10-9-8-7-6-5-4-3-2-1，原来是这个意思啊！》

8. 情感绑架型

此类标题杀伤力极大，多以祈福健康的名义传播，兼有道德绑架的嫌疑，简直是不看不是中国人。例如：

《脑血栓前兆，当天 6 个暗号，为家人，看一眼！》

《紧急扩散！央视终于报了，为了亲人，为了友人请看！》

《几亿人不知道的秘密！赶紧转发！》

《随缘转发！功德无量！》

《这个女人太无耻！是人都进来看看！》

9. 装逼型

莫名其妙的一个标题，也勾起用户的好奇心。例如：

《我》

《想开，看开，放开》

《人生 不过如此》

《错！错！错！》

10. 励志鸡汤型

鸡汤类的标题其实非常符合部分用户的胃口，也千万不要小看心灵鸡汤的作用，锤子大神罗永浩当年在去新东方面试的时候，硬是靠几十本鸡汤撑了下来（详见《我的奋斗》）。在朋友圈转发的内容中，鸡汤也占了很大部分，为励志鸡汤内容起一个好标题，这也是微信运营基本功，参考如下：

《不逼自己一把，永远不知道自己有多优秀》

《4 分钟让百万人潸然泪下的短片，到最后我哭惨了》

《我爸是个农民工，3 亿人都看哭了，你敢看吗？》

《学会这 10 件事，你没有理由不成功！》

《李嘉诚：高手处理事情的 8 个方法》

11. 性暗示型

不得不说，性暗示型的文章是打开率最高的类型之一，例如《女人身上有个神秘的小洞，它是女人的幸福之源》，其实讲的是按摩肚脐眼的好处，而《震惊!少妇口述：迷情香水让我闻香失控任由男同事摆布（内附视频）》其实就是在卖一款香水。

不过，对于此类擦边球的标题，微信官方也着手严厉整治，出台了《微信公众平台关于整顿发送低俗类文章行为的公告》，其中违规示例中规定"标题或内容低俗：文章标题、图片或内容低俗，具有性暗示"会被惩罚，而且惩罚非常严厉，如图 3-19 所示。

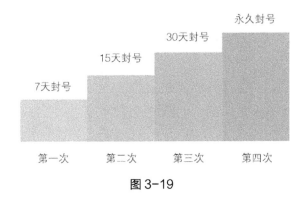

图 3-19

上面 11 种类型的标题党，基本覆盖了微信朋友圈流行的各种标题，可以发现，很多类型的标题党都是混合出现的。色欲、贪欲、窥私欲等人性的弱点淋漓尽致地反映在标题之中。因此微信运营者必须学会理解人性。

3.2.2.7 原创内容是极好的

随着微信公众平台的逐渐规范和完善，对原创内容的保护越来越大，针对抄袭等侵权行为，根据《微信公众平台运营规范》的相关规定，微信公众平台的处罚规定如图 3-20 所示。

永久封号
30天封号
14天封号
7天封号
删除并警告
第一次
第二次
第三次
第四次
第五次

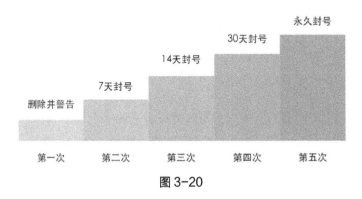

图 3-20

同时微信公众平台为了鼓励更多优质原创文章出现，推出了“原创声明”功能，暂时开放给已认证的媒体公众号。一旦有其他公众号转载认证媒体公众号的内容且未注明出处的，微信公众平台会自动为转载的内容注出处并通知给相关微信号，如图 3-21 所示。

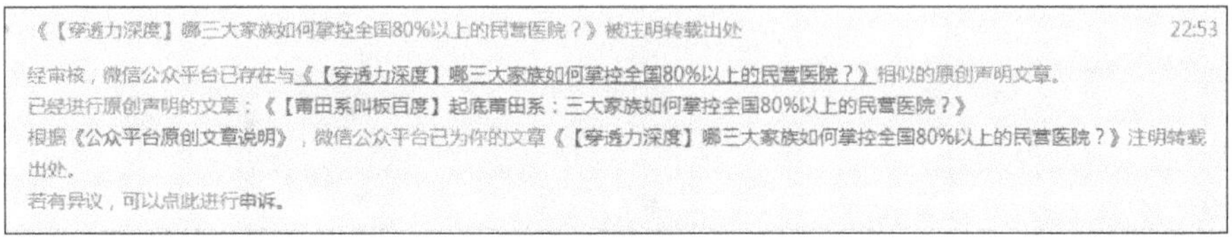

《【穿透力深度】哪三大家族如何掌控全国80%以上的民营医院？》被注明转载出处
22:53
经审核，微信公众平台已存在与《【穿透力深度】哪三大家族如何掌控全国80%以上的民营医院？》相似的原创声明文章。
已经进行原创声明的文章：《【莆田系叫板百度】起底莆田系：三大家族如何掌控全国80%以上的民营医院？》
根据《公众平台原创文章说明》，微信公众平台已为你的文章《【穿透力深度】哪三大家族如何掌控全国80%以上的民营医院？》注明转载出处。
若有异议，可以点此进行申诉。

图 3-21

由此可见，微信官方鼓励公众账号创作并发布原创内容，也打击了很多“互联网搬运工”，之所以叫互联网搬运工，因为很多运营者不生产“内容”，只是内容的搬运工。

对知识产权的保护，对原创内容的保护是社会的大势所趋，微信运营者必须适应这样的环境。那么如何在这种环境下仍然保证高质量的内容输出呢？

总结有以下几种方法。

1. 自己撰写原创内容

最持久的方式就是运营者自行编写发布的内容，对于自媒体微信公众账号、公司类型微信公众账号、区域类微信公众账号应该是压力不大的。而对话题类微信公众账号压力较大，毕竟话题类账号运营者精力有限，高质量的内容产出也是有限的。

2. 与作者联系获得授权

很多优秀文章的作者是希望自己的文章能够得到传播的。在很多情况下，微信账号运营者可以免费获得作者的授权，也许作者只是希望你加一个链接，能有完整的署名而已。即使作者需要回报，也肯定在非常合理的范围之内。

因此，微信各类账号的运营者，完全可以主动和优秀文章作者取得联系。同时，这也是微信运营者拓展自己人脉的方式，也能够达到双赢的效果。

3. 编辑再加工

除了上文提到对社会热点的再加工之外，互联网还有很多流传已久的内容可以利用起来，很多流传已久的内容作者都不知所踪，无法联系到作者，而这些文章在不同的时期都能打动读者，就像路遥的《平凡的世界》三部曲，每个年龄段的读者都能从中汲取自强不息的精神。

在网络上，也流传很多优秀的文章，例如《我奋斗了 18 年才和你坐在一起喝咖啡》这篇文章，每隔几年都会冒出来引发小规模的社会讨论。时代在变，人性不会变，对人性的反思与讨论始终存在。尤其是对话题类、兴趣类的微信公众账号，除了互联网之外，现实社会中也积累了大量的原始素材。

例如做化妆品微信公众账号，是不是可为用户找找古人是怎么用化妆品的？找到《齐民要术》《事林广记》里面记载化妆品"太真红王膏：杏仁去皮，滑石轻粉各等分为末。蒸过入脑麝少许，以鸡子清调匀，早起洗面毕传之，旬日后色如红玉"这种描述，档次分分钟就提上去了。

只要用心去做，无论是公司账号、自媒体账号、地域性账号还是话题类账号，都有大把的内容可以去提炼。

3.2.2.8　打脸可以，但请不要打自己的脸

做财经类型的公众号千万不要推荐不靠谱的 P2P 平台（除非你真的是骗子），做女性定位微信公众号千万不要出现对女性的歧视内容，微信公众号做得越大，挑毛病的人就越多（因为用户基数越大）。所以，千万不要发布能被打脸的内容，让辛辛苦苦建立起来的用户信任一下子打了折扣。来看看被自己发布内容打脸的案例吧：

1. 打脸账号：好奇实验室，微信号：haoqishiyanshi

好奇实验室是微信上为数不多的科普辟谣类微信账号，微信介绍是"等有钱了，我就做成《流言终结者》！"为读者提供了很多高质量且有趣的科普内容。每篇文章阅读量有好几万，有的文章能达到100000+。

2015 年 2 月 23 日，"好奇实验室"发布一篇内容《看完了想砸微波炉》，全文如下。

在国外的家庭中几乎看不到微波炉，因为大家都知道微波炉的危害之大，所以都不用。可是大多数人习惯吃热饭，又懒得蒸。但看到下面这篇微波炉的害处，决定再麻烦也要用锅在火上加热吧，千万不能图省事。

有个很有意思的比喻，或者可比拟这个情况，当你将一只青蛙放上一个开着大火的热锅时，它会立刻跳走，但如果你用一根蜡烛慢慢加温，刚开始时，青蛙并不觉得有任何烫感，但逐渐地等到它觉得热了，再也无力气跳走。

如今微波炉就像那根蜡烛，使用它的人就像那只青蛙，什么时候会被

困住，或许是十或二十年之后，但迟早有可能被困住。

在医院中输血，需将从冰箱拿出的血加以温热才可输入人体，曾有护士为了急救病人节省时间，使用微波炉加温血液，一输入体后病人立即死亡，以后医院中严格规定，绝不可用微波炉去温热血液。专门调制给婴儿服用的奶粉，盒上说明文字，明白写出绝不可用微波炉去煮热，因为它会破坏所有的营养。

在苏联、德国、瑞士等国家，对微波炉造成人体伤害方面，做了许多研究。发现有许多负面的结论：

1. 它破坏脑组织。脑的传播是靠磁波，微波炉处理过的食物，如长期食用，会中和脑磁波，使脑退化，磁波短路，此为长期副作用。

2. 微波炉食物，除了有致癌物之外，它还产生一堆不能为身体所吸收利用的不知名副产品。

3. 长期食用微波炉食物，男女荷尔蒙分泌量会减低或改变。

4. 微波炉食物的副产品，是长期而永久性地残存于人体内。

5. 食物中的矿物质，维生素及营养大量减少，或变成致癌物，以及许多不能为身体所分解的合成物。

6. 微波使蔬菜中的矿物质改变成会破坏人体的自由基。

7. 微波炉食物能引起胃癌，有些胃癌及肠癌，皆与吃太多微波炉食物有关，这或许解释了何以美国人近些年来患直肠癌的比例如此迅速增加。

8. 长期吃微波炉食物，易使身体产生大量癌细胞。

9. 长期摄取微波炉食物，由于其中营养已被破坏，将使身体免疫系统出问题。

10. 这样的食物，终将使记忆退化，精神不集中，情绪不稳定，且理解力降低。

结论：我们必须记住三件事：

第一，微波食品会产生新的有毒甚至致癌的化合物；

第二，食物的营养价值严重流失；

第三，当你吃微波食品时，身体会暗中产生一定的变化。这些食物容易导致癌症，荷尔蒙失调，淋巴和消化系统紊乱，血液和免疫力异常，情绪低落，永久性脑损伤，甚至还有心脏病。

从你看到这些消息开始，好奇君建议你拔掉微波炉的插头，再也不要用了。

稍有科学常识的人都知道文章内容是极其荒诞的谣言，和《长用 WiFi 会致癌》类型的谣言差不多，而且很标题党地写了《看完想砸微波炉》作为标题，加速了文章的传播，很快文章的阅读量就超过了 100000+。

作为一个科普类的微信公众号，谣言式文章直接导致账号的公关危机，很快就有网友贴出了对该文章的辟谣文章。

"好奇实验室"微信公众账号运营负责人发现后立即做出道歉，摘抄如下。

这是一条很老的谣言了，我们的编辑不慎上钩。就像回答最后说的："编出这样的东西说明没好好上化学课和生物课。"确实，推送这条微信的是我们的音乐编辑，化学和生物是音乐老师教的。也因此公众号周末的时候都会由他给大家推荐一些音乐方面的内容。

在一天不到的时间，这条《看完了想砸微波炉》的谣言的阅读量已经超过 10W 次，首先我们从后台删除了内容。对所带来的不良影响，深表歉意。并会在之后公众号推送中，致歉并纠正答案。

其次，这不是号被盗、临时工、智商测试实验钓鱼贴，确确实实是我们的小编出错了。因为过年期间的微信内容都是提前编辑好放在后台的。长假临近，神游先行，提前进入了放假模式。没有仔细审核就放出去了，工作疏忽，会按照我们的相关规定进行处理。

另外，最近《好奇实验室》公众号的问题确实很多，希望大家监督并多多提点建议，让我们做得更好。

有了这种前车之鉴，也告诫微信营销运营们认真地对待每一次发布的内容。尤其是公司类型微信公众账号，发布的内容一言一行都代表着公司的形象，出言不慎就会带来麻烦，选错版权照片还会引来官司。拿着卖白菜的钱，操着卖白粉的心，这就是微信营销运营者的内心真实写照。

3.3 软文能有多软

什么是软文？软文的软对应硬性广告的硬。硬广通常是砸钱买效果，简单又粗暴。软文相对来说操作方式更灵活，性价比也相对较高。

软文的精妙之处在于润物细无声，让读者在不知不觉之中落入作者的布局之中。当读者意识到这是一篇软文的时候，其实也晚了，作者的推广目的已经达到。

3.3.1 软文欣赏及分析

让我们欣赏一下微信公众号"大象公会"的一篇文章。

手动党：特立独行的少数派 [2]

在中国，一个人成功与否，可以直接从座驾看出来，通常车的大小、长度与他的成功程度成正比，如果坐着一台和大货车一样长的超长悍马、林肯、凯迪拉克，必然是照片会被发到网上引来一片惊呼的成功人士。而在美国，这类车主多半是刚从贫民窟崛起的拳击手或说唱歌手。

---

[2] 原文链接：
http://mp.weixin.qq.com/s?__biz=MjM5NzQwNjcyMQ==&mid=210340277&idx=1&sn=77ebcffde7dde6f53bcf8a5f92ee875a&3rd=MzA3MDU4NTYzMw==&scene=6#rd

前 NBA 球星安东尼·沃克与他收藏的豪车

手动挡还是自动挡，也是区分成功程度的重要标志。在中国，驾驶手动挡车，通常意味着这个人只能勉强买得起车，因为通常只有中低端车才有手动挡，而且手动挡款型通常与各种低端配置打包在一起，而高配车几乎都是自动挡的。

所以，中国人虽然大部分人在驾校学车时学的都是手动挡，但买车时都会买自动挡。道理很简单，既然已经勒紧裤腰带出一大笔钱买车，谁还愿意为了节省一万多块钱而被人认为是个穷酸呢？要让人尊重，当然得买自动挡。

在欧洲，自动挡车主会得到比中国更多的尊重和照顾，不过，这倒不是因为欧洲自动挡与手动挡的价格、档次差别比更大，相反，欧洲手动挡和自动挡完全不体现配置和档次的高低，人们更尊重照顾自动挡车的车主，仅仅是因为自动挡车的车主通常是肢体或智力有缺陷的残疾人。

欧洲人很难理解中国富二代们开着豪华运动车把妹时，居然大都是自动挡，在他们看来，这类车最让人着迷的地方显然是其卓越的驾驶性能，而不是酷炫的外壳。拥有最发达汽车制造技术和成熟汽车文化的欧洲，绝大部分汽车都是手动挡的。

环境和经济考虑当然是欧洲人偏好手动挡汽车的重要因素。

欧洲多数城镇及乡村道路往往蜿蜒起伏，有些地区堪比中国的重庆，城区道路普遍偏窄。这种路况，往往需要司机刻意保持发动机最大扭矩输出在一个较高范围，方能从容应对各种较急的弯道或坡道。

以英国伦敦为代表的欧洲城市街道普遍偏窄

普通汽车发动机，不论涡轮增压还是自然吸气，最大扭矩在 2000～2500rpm 左右才会出现。而发动机的怠速一般是 800 转左右。在 800～2000 转这个自动挡车辆最长停留的区间，发动机无法提供纸面参数上的扭矩。如果发动机处于低转速时正好遇到爬坡，车辆的加速感和行驶品质会大打折扣。

如果是手动挡，驾驶者在这种路况上可以一直把发动机转速保持在最大扭矩输出范围，以获得良好的行驶品质。这种随机应变的反应是一般自动变速箱，或者说2010年以前的自动变速箱所不具备的。

手动变速箱的另一大优势便在于经济性：传动效率高以及结构简单，维修保养便宜。

在传递动力过程中，手动变速箱只会在离合器位置有较大动力损失，对老司机来说，只要恰当的油离配合便可避免。而自动变速箱的必备结构-液力变矩器，则在动力传递中不可避免地浪费 10%~15%的能量。每次换挡，自动挡需要比手动挡多 10%~15%的发动机扭矩，才能达到同样速度，这当然要多耗汽油。

另外，手动变速箱结构简单，部件结实耐用，维修费用较低。自动挡车就复杂得多。除了液力变矩器实现换挡外，它还有套复杂的挡位运算程序。结构复杂，故障概率必然上升，维修成本也要比手动挡车更高。因为这个原因，欧洲二手自动挡车的保值率明显不如手动挡车。

汽车消费文化也造就了中国和欧洲对变速方式的不同偏好。

汽车进入家庭在欧洲已有几代人时间。买车时，"我中意"早已压倒了身份炫耀。对这种挑剔的客户，厂家会提供极为细致的配置清单供其组合自选，所以他们拿到的车会体现出强烈的个人订制色彩。不过自选配置轿车往往需要3~6个月的定制周期。

而急于拥有第一辆车的中国人，多数习惯付全款提现车，很难忍受长达半年的等待，并且并无驾车经验，根本不知道自己需要什么，所以汽车厂商的市场部门一般会把各种配置预先搭配好，以套装形式打包卖给车主。

而手动挡往往会被归为经济、实惠大类，这使得与手动挡打包的其他配置（轮胎、音响、内饰、座椅等）多是中、低档。这造成少数对手动挡驾驶有特殊追求的人，在选择手动挡时面临必须放弃很多舒适配置的选择困境。

在习惯以车代步的欧洲人看来，开手动挡车是一种真正的人车互动，操控感是很重要的驾驶体验。他们坚信，车要更多的服从于人的意志，而不是代替驾驶者完成很多工作。美国虽然懒人司机扎堆，但高端运动型车的客户甚至比欧洲人更热衷于手动变速箱。

多数中国人今天首先要解决的是汽车的有无，以及展示自己是否成功，操控感实在是一项奢侈的追求，起码它要排在驾驶技术是否容易掌握、座椅是否柔软舒适、外观是否酷炫之后——菜鸟和老手当然有不同的追求。

为迎合中国市场的特殊需求，当年甚至桑塔纳、捷达这种传统手动挡汽车都曾推出自动挡版本。

不过，中国的驾车者并非全都是菜鸟，极少数已解决汽车有无的人，特立独行地成为追求驾驶操控感的爱好者。

敏锐捕捉到这一小众文化的 MINI，在其新款手动挡车型面市前的 1 月 26 日，向全国网友开展"MINI 手动挡"活动，征集驾驶者与手动挡汽车的故事，周期一个月，最后的获胜者将赢得 MINI MT 手动挡一年使用权。

众多追求驾驶操纵感的大 V 率先响应，让人们首次注意到了中国这一小群特立独行者追求与手动挡的复兴：

女司机，这一称呼在近年来或许已经变得略显贬义，"让女士开手动挡？别逗了！"但这次 MINI 却收获了演员钟丽缇的青睐。

运动员对汽车的苛求由来已久，嗡嗡发响的马达轰鸣与飞驰而过留下的模糊车尾灯是作为司机的他们给大家留下的最初印象，但足球明星邵佳一得知 MINI 手动挡面世之后同样也是按捺不住。

聚光灯下的明星已经站出来了，这样看来，手动挡或许真的并不小众。这些大 V 对 MINI 手动挡的热切期盼也反映了中国手动挡消费市场的蠢蠢欲动。的确，随着汽车从简单的代步工具变成满足操控感的"大玩具"，与他们拥有同样想法的同路人已有不少。

18.5W 的 MINI 手动挡对于汽车市场会有怎样的冲击？手动挡汽车是否

真的魅力十足？值得期待。

这篇文章结合"大象公会"公众号给用户科学理性的印象，让 MINI 这篇软文堪称经典，文章中使用很多技巧努力颠覆了很多用户对手动挡和自动挡的认识，例如标题将手动挡用户形容成"特立独行"，而在欧洲开自动挡**"通常是肢体或智力有缺陷的残疾人"**，**"开手动挡车是一种真正的人车互动"**，等等。当在大量文字铺垫和伏笔之后，才引出推广主题——MINI 手动挡上市了。

微信公众号用软文的方式发广告，能够有效避免因为硬广导致的用户体验下降。同等情况下，写软文要比正常文章难度更高，因为正常文章只需要直抒胸臆，而软文则要拐弯抹角娓娓道来。

在微信营销过程中，无论是推广账号，还是发布广告，都可以通过软文的形式来实现，尤其是在口碑至上的移动互联网时代，硬广的推广效果远不及从前，而软文的威力越来越大。一篇优秀的引导关注的软文，能够持续不断地吸引粉丝。一篇毫无痕迹的广告软文，能让用户潜移默化地接受品牌理念。

回顾中国营销历史，软文是始终存在的。营销天才史玉柱，就把软文营销发挥到极致，只不过当时传播的载体不是微信公众平台，而是当时的主流媒体报纸。我们现在依然能够从标题中看到史玉柱的软文功底。

脑白金系列软文：《人类可以长生不老？》《你会睡觉吗？》《不睡觉，人只能活五天》《美国睡得香，中国咋办？》《宇航员如何睡觉》《女子四十，是花还是豆腐渣？》《一天不大便等于吸三包香烟》等。

现在，我们依然能够在网上搜索到这些十几年前软文的全文，现在再看这些文章虽然稍显生硬了，不过十几年前民智初开的消费者却非常买账，脑白金就是靠着这些软文逐渐发展壮大的。

斗转星移，如今纸媒式微，消费者的注意力转移到手机上的时候，改变的只是软文传播的载体，不变的依然是人性。而这赤裸裸的标题党，依然符合我们前文讲过的标题党 11 大类型。所以微信营销是把微信当做工具的营销，微信只是工具，营销才是目的。

3.3.2 一步一步写一篇软文来发布

现在，我们开始写一篇发布在微信公众号的软文。

第一步：清晰微信公众号的定位

公司型的微信公众号基本上是硬广配软文，营销型的公众号最好不要出现硬广。各个类型的公众号最好只接与自身公众号属性相符的广告商，例如地方公众号可以发布当地餐饮推荐的软文、情感号可以发布女性用品的软文、励志号可以推荐励志书籍等。

我们这次选择微信认证公众号"微商研究院"，发布一篇微商招募的软文。我们选择千百惠 O2O 店长李潇作为基础案例。李潇是一家化妆品店的 90 后店长，同时也在经营微商，我们希望通过这篇软文吸引到微商朋友进行合作。

第二步：起一个引人注意的标题非常关键

参照上文提过的标题党玩法，我们给这篇文章起一个名字："【案例分享】我做微商是如何挣到第一个十万的？"。

> **点评：**首先是用"案例分享"点题，"挣到第一个十万"是用金钱刺激读者的阅读兴趣。

第三步：文章起头，努力增加读者的带入感

【编者按：李潇是我们微商研究院的忠实粉丝，今天她分享她是如何挣到微商第一桶金的，希望给大家带来启发。】

大家好，我是李潇，我也是微商研究院公众账号的粉丝，考虑了很久才敢写下这篇文章，其实对于一个来自小县城的我，一个本来月收入不到

2000 块的我，一个样貌普普通通的女孩子，我自己从没有想象我能有现在的收入，感谢微信，感谢微商研究院公众号里各位老师的帮助，看了这么久别人的成功，我也愿意分享我的一点小心得，希望给大家带来帮助。

我 90 年出生属马，今年 24 啦（不过还是可怜的单身狗），2011 年大学毕业之后到了广州，因为学的是影视编导专业，比较冷门，始终找不到适合自己的工作，后来朋友介绍到一家化妆品店当店员，一个月连 2000 块都不到，交完房租连衣服都不敢买，因为有个妹妹还在上学，所以每个月还要给家里 500 块。工作上也是马马虎虎地干着，想想当时真的很傻，一边工作还一边抱怨公司，其实每个地方都能学到很多东西，只是当时我眼高手低，白白浪费了很多学习时间。

点评：文章起头两段非常关键，通过"一个来自小县城的我，一个本来月收入不到 2000 块的我，一个样貌普普通通的女孩子"等文字，努力为读者营造带入感和同情心，也为后文的转折埋下伏笔。全部通过故事分享的形式来讲述，不讲大道理。同时用配图增加文字真实感。

第四步：承上启下的内容转折

2012 年和 2013 年我都是在抱怨中度过的，抱怨公司、抱怨家庭，好像都是别人的错。有一天无意中上网看到微商研究院这个微信公众账号，由于当时我的朋友圈里面已经有很多人发广告，我很好奇，究竟这帮人是怎么想的？抱着好奇的心态，我点了进去，通过后来在里面的学习我才知道，这种不断刷朋友圈的广告真的毫无意义。

在微商研究院里面，孙健老师的一句话改变了我，"**利用好你身边的资源，可以让微商事半功倍**"，这句话一下子就点醒了我，我当时已经是公司直营化妆品店的店长了（店不大，店长走了之后公司就让我当了店长，因为我干得时间最长……），每天接触到的顾客其实都是我的资源啊，我放着金山不用，每天光抱怨公司这不好那不好真是太傻了。后来我让每一个在我店里购买的消费者加我的微信，几个月时间我居然积累了 6000 多粉丝。

尽管我卖的东西都是和公司无关的韩版裙子。后来还是被公司知道了，我非常害怕公司开除我，幸运的是，公司不但不处罚我，还非常鼓励我这样尝试（写到这里我还是非常感动，没想到公司其实非常支持我的想法，当时的电商总监还帮我出谋划策，让我不用卖衣服直接卖公司的产品）。因为公司也想往这方面尝试，公司还特批把公司的拳头产品——植物卸妆油以特供价给我，**就这一款爆品，让我当时一个月纯利就超过了一万！是我工资的四倍！而且比当时卖衣服好很多倍！**

在公司的支持下，我也慢慢地走上了正轨，公司也把我调到杭州负责 O2O 新店当店长，其实说起微商，大家都在摸索中发展的。现在我已经积累了一批忠实顾客，渐渐地很多新手陆陆续续来找我学习，我也交到了很多朋友，很多新手在我的指导下，也有不错的收入，大家的收入都提高了，是我最开心的事情。

点评： 本段内容主要是讲述主人公李潇开始做微商的经历，同时也点出了**"渐渐的很多新手陆陆续续来找我学习，我也交到了很多朋友，很多新手在我的指导下，也有不错的收入"**，暗示本文读者可以找主人公来学习微商。

第五步：抖出干货

我这里总结了几条关键点，给各位姐妹分享一下。

1. 产品力决定微商生死

记得当时公司的产品很多有几百个，我只选了一款植物卸妆油，因为自己每天上班都要化妆，所以每天都用卸妆油，当时公司的植物卸妆油要卖 158 元呢。因为每天都用，所以心里才清楚知道好不好卖？卖点在哪里。大家看现在微商上的产品，有多少人自己都不用，根本找不到卖点，只是一味地发图片。

我当时就只把卸妆油作为主打产品，其实卖好一款比卖 100 款都强，我当时公司给我 65 元钱进货价，我当时很"黑心"的卖 128 元一瓶，基本上卖一瓶就有 60 元钱的利润，每天至少卖 10 瓶出去，真的非常爽。

而且消费者用来了这款卸妆油之后，基本都成了我的回头客（这点很关键！），基本上一个月用完之后就再来找我买一瓶。**所以产品真的很关键**，我感觉比日本卸妆油 DHC 还要好，只是可能公司没打广告出去，其实市场上有很多这种产品，只要找到一个类似植物卸妆油这种产品，真的就能赚不少钱了呢。

2. 学习力决定微商速度

微商研究院孙健老师说，一定利用好身边的资源，我自己本来就是做化妆品的，所以能学到很多化妆品知识，这一点非常非常关键，**就是无论你是卖什么的，一定要专业**，幸好我当时比较肯学习（现在也是哦），很多化妆手法化妆知识都学会了，和那些盲目进来做，什么都不懂的新手对比，顾客当然相信我，而且很多化妆方面的事情都会来问我。因为我专业，所以现在不少新手都慕名来找我学习专业（写到这里好害羞），我也会毫无保留地教给她们，因为我也是从新手走过来的，这一路也付出了汗水和泪水（真的真的哭过好多次，哈哈），希望大家都能做好!

当然，专业技巧我是自己学习的，很多推广方面的知识，比如如何有效加粉、如何有效沟通、如何服务顾客等，很多也是在微商研究院里学到的，从小白到现在能够教新人，真的很感谢微商研究院。

3. 服务力决定微商长久

很多人说微商做不好，真的是没有用心做，微商真的不是加几张照片加一句话就能赚到钱的，服务一个老顾客比找到一个新顾客成本高 10 倍，我努力争取和我的每一个消费者都成为朋友，很多消费者因为相信我，也加入了我的小团队（全是能干女孩子），每天大家在一起真的很开心，又赚钱又能和大家一起嘻嘻哈哈，相信我们服务的客人越多，就会有越多的人加入我们。最后附上我店的照片。

李潇 2015-1-3

点评：在最后一段抖出文章干货，用专业知识打消读者的最后疑虑，同时也植入产品信息。再用微店的收入截图证实自己实力，最后用店内全景照片再次证明自己是一个有实体店的微商卖家。整篇文章下来，塑造了主人公积极向上热爱学习乐于分享的氛围，同时用对应照片和截图一一证实文章内容。

本文发布地址：http://mp.weixin.qq.com/s?__biz=MjM5MDEyNTIxOQ==&mid=203187241&idx=1&sn=541f9335715e5dc841282adda8d35077#rd。

优秀软文传播价值和传播广度远远大于硬广，在传统媒体时代，脑白金就是用软文托起来的时代宠儿。在移动互联网时代，软文的打动人心比硬广的"打动人眼"更为重要。

3.4 案例：一个地方公众号的定位历程

以下是地方微信号"重庆"负责人的自述。

2013 年 8 月，我们开通了重庆（微信 ID：inchongqing）、吃在重庆（微信 ID：chizaicq）公众号。开通之后，我们迅速通过已有的微博账号对微博粉丝向微信公众号导流，通过微博一系列的宣传，积累了第一批微信种子粉丝，让我们很快粉丝就能破万，并且用@人人爱重庆@吃在重庆这两大微博主页君分别开通微信公众平台，用拟人化的形象，打造市锅、吃姐两位红人。

那时候发出来的文章，只有几千的阅读量，很好文章也就几万左右的人阅读，阅读量破万成为那时的一个阅读目标，正如现在的 10W+、百万阅读量一样。

最开始的时候"重庆（微信 ID：inchongqing）、吃在重庆"这两个号我们没有准确的定位，操作方式上还是跟其他的号一样主要以复制粘贴、转载为主。对于这种本地的实用信息和定位的东西做得不多。和现在很多微信公众号一样：只有一条或者两条内容是当地的，而且当地的文章也是转载为主。剩下的几条都是各种热门的文章，都是靠转载这样的方式来做的。

随着公众号的不断发展，我们开始组建属于我们的内容团队，重新梳理制定属于我们自身账号定位、制定国内外节假日表，每日根据节日或网上热点迅速结合内容，形成内容的快速传播。

在此期间，我们也打造了一批重庆个人微信号：事儿哥、市锅、重庆言子哥、吃姐四个账号，形成朋友圈微信内容的矩阵，迅速带动内容，在订阅号打开率逐渐下降的情况下，用这些个人号把公众号的内容分享朋友圈，迅速扩大了内容的打开率。

目前这几个账号粉丝来源完全依靠自身内容来拉动用户。"重庆"这个微信名字由于没有认证，如果单纯地搜索名字，完全搜索不到，在账号的推广上有了一定的局限，"吃在重庆"这个账号针对重庆吃货提供很多美食建议，关注的用户比较精准。

在此过程中，对于"重庆"这个账号是否继续保留，我们还是很纠结，甚至想过放弃，推广上面确实有很大的难度，但慢慢地粉丝也在不断地上升，有了一定的用户基础，就决定一条路走到底。

互推吸粉、搜索导流对于我们来说都不是长久之计，唯一不变最长久、能持续的东西就是做好内容，相信内容为王的道理。所以我们一直坚持做出精品的内容。

在内容团队的打造过程中，也有很多不稳定的因素，阅读量也起起伏伏，不过我们相信，只要用心经营，其实用户还是能够通过阅读量反馈给你。仅仅在 2015 年期间，公众号"重庆"的微信阅读量超 10W+的就有 68 篇，破百万阅读量的就有 12 篇，如《世上最悲惨的事就是：我跟老奶奶撞衫了，却输惨了!》《在重庆最神奇的 25 个瞬间，细思极恐!外地人千万不要点开!》等，公众号"吃在重庆"阅读量超 10W+的有 20 篇，破百万阅读量的就有 8 篇，如《要是再有人问你重庆有啥好吃的?直接把这条微信甩给他!》，这些文章现在大家也可以在网上搜索到。

以上是我们这两年地方类型公众号的一点心得。借孙健老师给的这个机会，分享给各位，我们都是在摸索中前进，希望大家都能做好。

3.5 本章总结

这一章的内容主要阐述微信公众号的定位和内容，触类旁通，微商账号和自媒体账号也可以从中汲取自己需要的知识。没有简简单单的成功，一个文章标题就可以有 11 种写法。

最后强调，再好的软文如果不是建立在事实基础之上，那就是一种欺骗。

第4章
微商怎么做才赚钱

人生正如微信朋友圈，你永远不知道下一个做微商的是谁。

转眼之间，每个人的朋友圈都变成了第二个淘宝，多年未见的好友突然卖起了鞋子，天天上班遇见的同事突然卖起了面膜，甚至记忆中连说话都不利索的儿时伙伴居然变成了微商达人。微信中难得遇到的主动打招呼的美女，却问你要不要祛痘神皂。

而传统零售行业和行业渠道被微商的冲击更大，微商的突然火爆让很多传统企业按耐不住，纷纷越过传统经销商，直接与消费者开始商品交易。尤其是化妆品行业，网上流传着，80%的微商做的是化妆品，80%做化妆品的微商卖的是面膜。在2014年短短一年时间中，大部分化妆品行业从业者从看不起微商，到看不懂微商，最后变成抢着做微商。加上不少高大上的化妆品品牌一下也加入到微商行列中，更让很多传统渠道运营者雪上加霜。世界好像突然变了，变得那么让人琢磨不透！

而对于很多不得志的微商而言，做了微商之后唯一的好处就是脸变白了，因为面膜卖不掉都自己用了，所以脸变白了！

那么，什么是微商？微商为什么会这么火？微商还会火下去吗？

4.1　微商火爆的大环境

在2015年李克强总理的政府工作报告中，他提出"大众创业，万众创新"。政府工作报告中是如此表述的：推动大众创业、万众创新，"既可以扩大就业、增加居民收入，又有利于促进社会纵向流动和公平正义"。在论及创业创新文化时，强调"让人们在创造财富的过程中，更好地实现精神追求和自身价值"。

而"大众创业，万众创新"这恰好又与微商火爆不谋而合。什么是创业？什么又是打工？打工的同时就不能创业吗？

当然可以，其实大部分微商从业者都是兼职在做，微商从业者可以在上班的公交车上与买家聊天，可以在工作的闲暇之余发布新的朋友圈消息。微商的出现，打破了商业的边界，让创业不再是孤注一掷的赌博，让创业不再是殚精竭虑的思索，让创业不再经历违心的诌媚。微商，创业如此简单，门槛低到只要求你有一台智能手机！

是的，只要一台智能手机，小小的一部智能手机，就是拉开微商大幕的开始！

4.2　微商兴起的五大要素

4.2.1　移动互联网的大时代到来

连很多传统互联网从业者也必须承认的一个事实是：智能手机在大多数使用场景下，比电脑还要方便。你完全可以一天不开电脑，但是很难做到一天不用手机。

手机甚至改变了人类上厕所的方式，你可以不带手纸，也不可以不带手机，但很难想象没有手机是如何在厕所里能待上十分钟的。智能手机成为了我们新的器官，是我们的眼睛，是我们的耳朵，是我们的嘴巴，是我们的双手。当年乔布斯在美国重新"发明"手机（手机从功能化到智能化）的时候，谁也没想到在短短数年之后，在太平洋的对岸掀起了一场微商风暴。

在移动互联网场景下，手机与人实现了互相绑定，我们的大部分朋友演化成了我们微信中的一个账号。智能手机的大规模应用，也在硬件层面上促进了移动互联网的高速发展。而移动互联网才算是真正的"互联网"。

在传统互联网时代，诞生了淘宝、eBay 等网络交易平台，而移动互联网时代，则是一个"去中心化"的时代，去中心化不是没有中心，而是每一个个体都变成了一个中心。每一个人都可以快速便捷地发出自己的喜怒哀乐，都可以迅速地传递出所想要表达的信息。其中，自然也包括了商业内容。

在整个现实世界向移动互联网倾斜的时代背景下，微商的出现也不是偶然的。微商也并不是无根之萍，早在 N 年前出现的各种个人海外代购，就是现在微商的雏形。只是因为当时的传播媒介有限，始终是小圈子里的自娱自乐。而移动互联网，将每一个人链接在一起，微信的出现与流行，更是让这种关系链接固化下来。

微信出现的意义，不只是让之前习惯用 QQ 的年轻用户更换了一个沟通工具，而是让之前连 QQ 都不会操作的大叔大妈们，直接越过传统互联网走进了移动互联网时代。微信这种跨越式的发展，直接让大部分中国人迈进了移动互联网时代，完全是一种后发优势。

截至 2015 年 5 月，微信用户已经超过 6 亿，除去老人和儿童，基本上大部分国人都开通了微信。而有人的地方就有营销。那些之前不会使用互联网的大叔和大妈们，在某种意义上其实就是代表着社会主流价值观，也代表着基本民意。现在就连每天《新闻联播》的末尾，都加上了一句"欢迎关注央视微博、微信、新闻客户端"，微信的巨大社会普及性，自然也会带来随之而来的社会变化。微商此时的出现和爆发，恰恰就是国人整体迈进移动互联网时代最好的证明。

4.2.2　暴利的传统零售业逐渐被社交式购物环境蚕食

2014 年阿里巴巴在美国上市，让全世界开了眼界。实事求是地说，美国等西方发达国家移动互联网的发展远远落后于中国，类似"双十一"的美国黑色星期五,无论从规模还是参与者人数上都远远低于中国的"双十一"。难道中国的商业环境比美国还要发达吗?

并不是中国的商业环境发达造就了"双十一"全民狂欢,造就了微商全民创业,而恰恰是中国相对落后的商业环境让互联网发展得更快。一件产品,从生产厂家到代理商,从代理商到经销商,从经销商到门店,最后再从门店到消费者手中,中国消费者受到了层层盘剥。大量的中间环节造就的巨大的渠道利差,让消费者走投无路,不得不投身互联网的怀抱之中,不得不宁愿等几天快递才拿到产品。中国的快递业发达程度世界第一,而在大洋彼岸的美国,购物网站下单后十天后能到的快递已经算是快的了!

在传统互联网时代,在支付环境恶劣、信任缺失的网络环境下,只有少数网民能够享受到互联网带来的种种便利。正如我们上文所说,微信的普及应用把大部分国人带进了移动互联网时代,越来越多的普通消费者开始享受到互联网带来的便利。而 2015 年 4 月以来,李克强总理多次敦促降低上网费用,在政府层面上推动网络经济的发展。

当用户习惯网络购物之后,恐怕每次外出购物归来总有一种吃亏的感觉。只追求利差的传统商业逻辑在移动互联网时代下岌岌可危,而且并不是大叔大妈们之前不愿意在网上消费,而是他们不会、不懂,微信种种人性化的操作也极大降低了大妈们的学习成本。所以,我们不得不问传统零售商一个问题——如果服务差别不大,而提供的商品都是一样的,那么消费者为什么还要去实体店购物呢?

中国的市场经济发展才短短三十年,相比美日欧等发达国家,中国市场存在着大量落后的地方。而这却恰恰成为中国互联网迅猛发展的背后因素,在欧美市场,由于市场的相对完善和产品价格的高度透明,网络购物只是传统商业的一种补充。但是在中国市场,巨大的价格差异让网络购物发展迅速,直接催生出阿里巴巴这样的巨头公司。这是一种悲哀,这也是一种幸运。

忽如一夜春风来,时代的大环境加上传统行业发展瓶颈的小环境互相作用，微商作为比淘宝更简单，比传统行业更接地气的移动互联网新事物，就这样诞生在这个具有中国特色的市场环境之中。

4.2.3 门槛极低的创业方式

搞微商比摆地摊还容易，这是玩笑也是事实（见图4-1）。

图 4-1

一个人最低姿态的创业形式无非就是摆地摊，很多驰骋商界的风流人物也都有摆地摊的经历。而普通老百姓摆个地摊要防着城管、防着小混混，还要忍受夏蚊虫冬雨雪，也许还要防着同行倾轧。

相比之下，微商创业，不知道比摆地摊高到哪里去了。只需要选出 9 张照片外加复制一段激扬文字，就可以发布在朋友圈里。简直比睡觉翻个身还要简单，而且无论你在公交车上还是在床上，都能轻轻松松发布朋友圈消息。这与我们父辈类似摆地摊这种艰辛的创业之路相比，微商确实要轻松很多。

更何况微商满足了这个时代每一个人的创业梦想，区区几百块钱，就可以做一个代理，甚至连货都不用拿，直接让上家代发即可。如此低门槛的经营方式，在人人都想成为霸道总裁，人人都想成为 CEO，迎娶白富美，走上人生巅峰的社会环境中，微商，无疑提供了最容易上手的一条路。

正如微信公共平台登录页面所说——再小的个体，也有自己的品牌（见图 4-2），微信或微信公众号让传播效率提升了无数倍。在第 2 章里，我们谈到了微信公众号申请中的各种门槛与陷阱，而个人微信号，顶多只需要绑定手机号就可以。

图 4-2

更令人感到可怕的是，被视为传统行业大敌的淘宝，在微商面前，都流露出一丝颓态。曾经草根味道浓烈的淘宝，已经不再那么容易简单上手，烦琐的淘宝开店流程和复杂的后台管理系统足以让运营者眼花缭乱。会算 ROI、会做 PS、会烧直通车等"专业技能"，更让新生代的创业者望而却步。以至于最近淘宝不得不打出了"极简开店"的口号，努力把小卖家拉回来，只是不知道有多少小卖家愿意回到淘宝。

4.2.4　年轻一代的迅速崛起让微商野蛮生长

令很多传统人士感到困惑的是，为什么几乎毫无交易保障的微信，居然有那么多年轻人在上面做成生意，而且这种生意的数量还越来越多！为什么素未蒙面的陌生人，仅仅通过朋友圈的相遇，就能够让交易不断地发生？

社会对新生事物永远戴着有色眼镜来看待，正如微商诞生之初就被批判成不靠谱的异想天开，到发展壮大之后又被批判成"新型传销"。可以说微商是伴随着一路争议发展壮大的，直至今日，微商的争议不仅没有停歇，反而争议之声越来越大。最近连中央电视台也加入对微商的追问之中，如图4-3所示。

图4-3

即使面对着种种非议，微商依然像打不死、骂不怕的小强那样野蛮成长。令戴着有色眼镜的人士不得不接受的是，微商的发展速度已经势不可挡，这种社交化的营销方式正在逐渐瓦解商业的边界。而这一切发生的基础，就是人与人之间信任。以90后为代表的新生代，出场自带远超上一代100倍的互相信任感，仓廪实而知礼节，90后的家庭基础让他们更加从容地面对这个世界。

双方没见过面没关系，产品没用过没关系，甚至微商卖的是什么都没有关系，只要对卖家有足够的信任，只要卖家能足够专业，就可以让微商交易发生。这种坦率的对陌生人的信任，足以让很多上一辈汗颜。

所以微商的核心不是微店，不仅仅是产品，微商的核心就是人。

4.2.5 微商解放了生产力

初中学过的政治课告诉我们，生产力决定生产关系，生产关系必须适应生产力的发展。而真理之所以无敌，是因为真理具有普遍的适用性。那么微商的出现有没有解放生产力呢？

答案是肯定的，因为有无数家庭主妇加入了微商，有无数工作量不饱和的营业员加入了微商，有无数百无聊赖的在校学生加入了微商，而他们本来只能在家带带孩子，本来只能面对着柜台发呆，本来只能浑浑噩噩地度过大学时光。但是现在，从他们加入微商的那一刻起，他们就促进了商品的流通，促进了信息的流通，把本来低效率的时间高效地利用了起来，他们从中也获得了精神和物质的收益。这无疑是解放了生产力。

因此，只要微商还在不断地解放社会生产力，只要微商还在不断地将闲置的社会人力资源利用起来，那么无论外界如何非议微商，微商仍然会高速发展下去。

4.3 微商是什么

在了解了微商兴起的大背景之后，我们就能更好地理解微商是什么了。

微商是移动互联网大潮下新的商业形式，是以社交圈为主要营销阵地的电商营销方式。

在微商中，大部分人以微信作为主要战场，所以微商的"微"源于微信的"微"，当然微商也不仅仅局限于微信，陌陌、手机 QQ、来往、米聊等移动即时通信软件，都可以用来做微商。手机应用市场中，还有很多不知名但是拥有足够多用户的移动即时通信软件，都可以成为微商的阵地来经营，如图 4-4 所示。

图 4-4

微商本质上来说是电子商务进化中演化出的新分支，但是微商又不同于传统电商的流量思维，微商更多的是基于社交产生的交易。在产品同质化的今天，消费者对体验式服务的需求越来越高，而微商能通过全天候的沟通与讲解，满足消费者产品需求以外的精神需求。消费者的购物过程从之前的一次性沟通，升级到现在的买卖双方的双向持续沟通，这也是微商思维与传统经营思维有差别的地方。

正如我们在亚马逊和京东上购物，基本看不到客服的身影；在淘宝购物，只是能在旺旺上与卖家单次沟通。而在微信上，消费者可以持续看到卖家的动态，无论是卖家在朋友圈刷屏，还是卖家个人的喜怒哀乐，消费者都能感受到活生生的一个人的存在，真实感带来信任感，我们更愿意和一个活生生的人做交易，而不是一个冷冰冰的屏幕。

4.4 微商的基石之一 —— 信任

如果你还相信刚做微商分分钟月收入 50 万，那我还是劝你别做微商了。

如果你坚持每天 N 次刷产品照片、刷微信小视频、刷"今天你爱理不理，明天你高攀不起"的文章，只要你努力坚持 3 个月，保证你最后被所有人拉黑。

微商说到底，也逃不过一个"商"字，无论微商被捧得再高，或者被踩得再低，微商依然在商业范畴之内，也逃不过商业规律和规则。因此其他商业领域成熟的商业技巧，完全可以应用在微商上面，只是需要加入移动互联网的应用场景。而这一点，很多微商到现在还是不明白！

商业的基石在于信任，在做微商的过程中，贯穿于每个细节的地方就是尽一切可能地增加消费者对自己的信任感。微商的一切都是建立在信任基础之上的。商场门店的信任感来自于可见可摸的实体店铺，来自于与活生生的营业员的当面沟通，淘宝的信任感来自于支付宝对交易金额流转的监控，来自于七天无理由退货的平台承诺。而微商的信任感，建立于你的头像和签名，建立于你在朋友圈的一言一行，建立于你和顾客的每一次沟通，建立于对每一次客户不满的处理，建立于时间的积累与考验。可以说，做微商，只要解决了顾客对你的信任问题，那么成功的大门就已经向你敞开了！

请再次记住——做微商就是做顾客信任感！

正如我们设置微信公众号一样，一个得体的个人微商号能够给自己带来巨大的加分。因此我们需要了解什么样的账号最能让消费者放心。

4.4.1 微商微信号的选择与设置技巧

你的微信号是多少？初次认识的朋友都会这样问。如果你回答说我的微信号是好多个英文加一串数字，中间还有一个下画线。那对方肯定是满脸黑线地看着你。不信你现在输入一个下画线试试，至少屏幕要切换三次才能继续打字（见图 4-5）。

所以，我们推荐将 QQ 号或者手机号关联自己的微信，最好能让别人通过 QQ 号或手机号就能找到你。

设置途径是点击"设置"，再点击"账号与安全"，就可以看到自己的账号信息，如图 4-6 所示。我们可以将 QQ 号或手机号与微信号绑定在一起。

图 4-5

图 4-6

另外，点开微信中的"设置"，再点击"隐私"，会出现如图 4-7 所示的页面，我们需要确保"可以搜索到我"一栏下的三个选项都是打开的，这样其他用户就可以通过搜索微信号、手机号或 QQ 号找到你。

图 4-7

需要注意的是，在图 4-7 中，第一栏"通讯录"中的三个选项都是默认打开的，我们可以将第一项"加我为朋友时需要验证"关闭，这样别人就可以直接把你的微信号加上，这样做是为了避免因不能及时通过别人的好友申请，而错过商机。

4.4.2 头像设置

好的头像一定是可识别度高，且一目了然的。作为微商头像，最好还是设置成本人真实头像，可以适当做一些美化，真实的头像照片能够给人带来安全感。你不希望从一只狗的头像上买到漂亮的鞋子吧，你也不希望从一只猪的头像上买到化妆品吧。

同时，头像也可以凸显出自己从事的微商职业。例如，卖衣服的微商可以用头像展现出自己的身材（一定是穿上衣服的），卖美容护肤品的微商可以大面积展示出自己的脸蛋，但是千万别太真实，痘痘还是得 P 掉。如果还做淘宝，那么用一张你和马云的合影作为头像，绝对会把大多数人镇住。

千万要记住的是，微商头像其实就像手机号一样，千万不要换得太频繁，消费者没有时间和精力去记住你是谁。也千万不要把头像弄成妖魔鬼怪，那样会显得你很不成熟，自然信任度也会下降，除非你卖的是潮流品。

4.4.3 微商起名的四点原则

根据我们在每个细节都努力增加消费者信任的原则，微信昵称的作用是让消费者能记住你，而且昵称从字义上需要是正面的印象。好的昵称能够让我们在消费者心目中留下长久的记忆。

微商起名有以下四点原则。

4.4.3.1 名称便于搜索

移动互联网时代，一切名称都需要方便用户快速输入和搜索，千万不要出现生僻字，不要出现任何难写、难拼、难读、难认的文字。因为手机输入法打不出就意味着找不到，火星文更是不可取的。

错误示例：毫釐的笑、菰独之剑、为嗳訫谇、这籹子 Yi →伤訫← 。

4.4.3.2 切莫强行装逼

搜一下你的微信，看看里面有多少个总代理、有多少个创始人，如图4-8 所示。

2014 年，在微商发展的初期，总代理和创始人的名头猛一听还是非常厉害的，简直让人肃然起敬，可惜后来总代理和创始人居然也天天刷屏，而且越来越多的总代理和创始人出现，甚至吹得更玄的"大中华区总裁"之类的名头都粉墨登场，真是让人无话可说。

目前，由于总代理数量太多，原本高大上的"总代理"三个字严重贬值，有些微商甚至在名字上写"收总代"，如图4-9 所示。

图 4-8

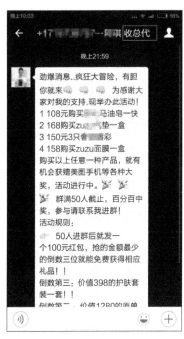

图 4-9

如果只是岗位太高让人摸不着头脑其实还好，只是很多人为了广告效应，把自己的名字起得非常长。很多人恨不得把所有在做的产品都写在名字之内。最后就变成了一排广告，开头先是 AAA0，然后是 XXX 团队，再加上品牌 A、品牌 B、品牌 C 等，最后再加金牌代理、总代理、创始人等高级岗位名称，一个微信名足有十几个字，给别人朋友圈点赞的时候都要占一行还不够。显然，这样做除了显得低端以外毫无个性。

举个例子，如图 4-10 所示。

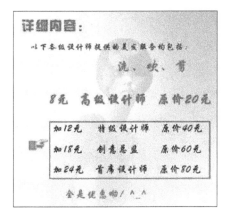

图 4-10

当你看到特级设计师、创意总监、首席设计师这些高端的岗位，为什么却充满浓浓的廉价感？微商起名同理，当消费者微信里面全是总代理、创始人的时候，这种强行装逼的名头还不如不写。

4.4.3.3 意向鲜明

"众里寻他千百度""迅雷不及掩耳之势"，在这两句熟语中，就蕴藏了中国两家知名互联网公司的名称，而且他们的主营业务也蕴含着这两句熟语所表达的意向。

好的微信昵称，可以把自己的主营业务加入微信中，例如"80后养蜂人杨 X""叶美丽的美丽日记"等，一看昵称就知道是做什么卖什么的，一目了然，降低双方的沟通成本。

4.4.3.4 以A开头真的好吗

现在打开微信通讯录，可以看到一大把 A 开头的名称，这就是利用通讯录按首字母顺序排列的规则，用 A 开头，让自己的名字排在通讯录的最上方。还有的微商为了让自己在众多"A"之中排在前列，以"A0"开头。

可是自从知道这一招的微商人变多之后，反而效果不佳，同时破坏了整个名字的意境。

在图 4-11 中，以 A 开头的都是做微商的朋友，这种排名在前取得的效果微乎其微，而对整体名字韵味破坏性很大。同时，以 A 开头的微商，服务水平也参差不同，

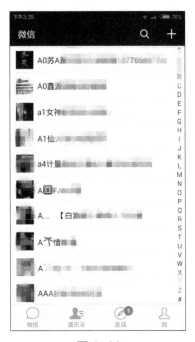

图 4-11

微商没有必要冒着风险和别人一样用 A 开头。

4.4.4　设置具有个性的个性签名

个人微信个性签名最多可以设置 30 个字。个性签名只在新添加好友的时候被看到的机会多，所以正如微信公众账号功能介绍一样，好的个性签名能够增加新增好友的通过率（见图 4-12）。

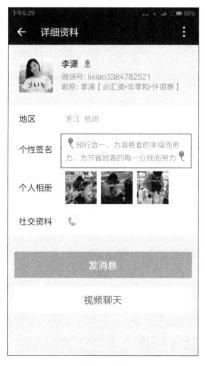

图 4-12

无论是搞笑、严肃或是逗比，微信个性签名请一定表现出你的"个性"，哪怕就一句"我的微信好友都是美丽又潇洒的人儿"，也千万不要是空白，显得像一个毫无诚意的僵尸号。

而全是广告的个性签名添加好友时通过率非常低，如图 4-13 所示，因为消费者都知道你会刷朋友圈广告，不如趁早拒绝掉。

图 4-13

因此，无论在做微商的任何场合，硬邦邦的广告往往起的只是反作用。

4.5 玩转朋友圈让别人更加信任你

人因事显，别人无法知道我们的内心所想，但是别人能通过我们的所作所为和一举一动来判断我们。而微信朋友圈，其实是最好的观察窗口。

极少有陌生客户一上来就会向你转账买产品，大部分客户第一步只是查看你的朋友圈，查看你发布的内容，从而大体上判断你是什么样的人，是不是靠得住，进而采取下一步的选择。因此，朋友圈的重要意义不言而喻。

4.5.1　陌生用户的信任感来源于朋友圈相册封面的合理设置

专门点击查看个人相册的时候，相册封面是最先被看到的，如图 4-14 所示。

图 4-14

在相册封面处，微信官方提供了摄影师作品供用户选择。不过作为微商创业，没有必要使用微信提供的官方图片，因为我们不能放过每一个展示自己的机会，所以我们需要找到一张合适的相册封面来展示自己。

什么样的相册封面才是合适的？我们说过，增加用户信任感贯穿于微商微信的每一个细节。所以相册封面一定要是能够给人带来信任感的，有了信任感才会有安全感。

那么哪些照片可以给消费者带来信任感？总结起来有以下三种。

1. 团队合影

使用团队合影作为微信的相册封面，能让自己显得人多势众。毕竟一个人可能是骗子，一群人都是骗子的可能性就要小很多。同时，多人合影也可以制造从众心理，给消费者足够的安全感。当然，如果多人合影还穿着统一的服装，那么感觉会更好。

2. 各类证书

使用获奖证书或者授权证书作为相册封面，通过奖状或奖杯可以增加个人荣誉度，为自己背书，也能让别人产生信任感。只是现在各种奖项和证书太多，获奖证书的含金量在不断下滑。所以含金量越高的证书越好，也不一定非要是行业相关的，例如放一张自己北大的学生证，利用北大的光环足以秒杀很多人。

3. 名人合影

使用与名人的合影作为相册封面也是一个增加顾客信任感的好方法。进入2015年以来，很多微商产品开始邀请明星代言，如果有机会在这些微商产品的明星见面会上能与明星合影的话，就能事半功倍地展示出自己的实力，就可以通过大众对名人的熟悉与崇拜，进而将这种信任感顺利地移情到自己身上。

当然与名人合影往往不是那么容易的。最容易合影的就是成功学大师们，在他们各地的课程中，他们的合影价格明码标价，并且童叟无欺。

总而言之，我们可以选择一切能够证明自己实力的照片作为相册封面，比如在自己豪车内的自拍，自己与满满一仓库产品的合影，报纸上对自己的报道，自己被媒体采访的访谈照片，接受领导接见的合影，甚至自己支付宝余额的截图，都可以用来证明自己有实力，让用户更加放心。

当然，以上的方法只是为了能够在与消费者沟通的初期建立基本信任，真正的信任感更多还是在于平时点点滴滴的交流。

4.5.2　朋友圈里发什么最容易被屏蔽

我们在朋友圈的一举一动消费者都能看到，只是他们大多数往往是沉默的。当消费者看到不符合胃口的内容，一次两次可以忍一忍，三次四次烦了之后自然就会屏蔽或者拉黑。很多微商朋友辛辛苦苦拉粉丝非常不容易，仅仅因为朋友圈发布的内容不当而失去粉丝，就太不划算啦。

因此，我们要警惕以下让消费者反感的内容，切勿因小失大。

4.5.2.1　微商自我夸奖的段子

看看下面的文字是不是很眼熟，如图 4-15 所示。

图 4-15

"不要抱怨你的朋友圈都是微商，那说明你的朋友都很上进，总比都是怨妇强，跟着苍蝇会找到厕所，跟着蜜蜂会找到花朵，跟着千万赚百万，跟着乞丐会要饭。活鱼逆流而上，死鱼随波逐流。总有一天，你会发现微商能带给你意想不到的收获，或是思想上，或是财富上！如果你现在还在嘲笑别人做微商，5年后你会更后悔！就像当初没有人看好马云一样！"

"一直不明白，想赚钱又死要面子人的自尊是哪里来的，你一个月就3000多块钱的工资能维护你多少的尊严？我承认，我会刷屏，连孟非、老郭、吴昕都在卖产品，你有什么拉不下脸的？自己挣钱自己花才是最牛的，你能挣钱给别人花你就更NB！最可怕的事就是比你优秀的人还比你努力。"

"有人说：天天朋友圈里发广告烦死啦！我都拉黑啦。其实，你不要烦，马云曾经说过：当你发现你朋友圈儿卖的东西你还买不起的时候，你就该开始奋斗了，当你发现你朋友圈里卖的东西你都不认识的时候，你就该开始补课对自己好一点了，精明人看朋友圈是商机，土豪看朋友圈是购物，屌丝看朋友圈是广告！"

"淘宝十年，才发展了不到1000万的卖家，而微商，仅仅用了一年就有超过1000万人卖家。借用马云的一句名言：昨天你对我爱理不理，今天我让你高攀不起！同样的道理，今天你对微商看不起，他日不要后悔不已。"

我相信，以上的段子大部分人都在朋友圈里面看过。俗话说一粉顶十黑，这种低水平的段子实在容易引起消费者的反感。而恰恰很多刚做微商的朋友喜欢复制并发布这种自我激励、自我证明的内容，其实自我激励内容自己看看就好，与消费者毫无关系的内容，消费者自然不愿意看，更何况还浪费流量，消费者也自然会选择屏蔽或者拉黑。

退一步来说，通过段子来为微商正名实在是多此一举，我们只需要把我们每一个顾客的疑问处理好，把每一个订单及时发出，把我们应该做的事情做好，就是用实际行动为微商正名！

尤其是最近一段时间以来，微商的发展壮大逐渐引发社会争论，微商推广过程中的刷屏、群发等骚扰行为被放大化，加上借微商之名进行欺骗的行为被不断曝光，也加深了微商的污名化。因此，我们没有必要硬把自己贴上微商的标签来证明自己、解释自己。做微商就是某种意义上的自媒体，没有必要把人们对某一群体的质疑，刻意映射到自己身上，这有时反而是得不偿失的引火烧身。

4.5.2.2　负能量让你没朋友

做微商虽然上手简单，但是做好需要耐心和毅力，很多人往往将微商遇到的苦闷与积郁，以及生活中的种种不顺心，发泄到朋友圈之中。

今天头发剪得不好，发个朋友圈骂骂理发师；今天快递小哥来晚了，抱怨一下快递实在不靠谱；今天与男朋友吵架了，倾诉一下做女人真累。很多消费者看到微商发的这种微信，整个人都不好了。唯一的选择就是屏蔽或者拉黑。

因此，控制好自己的情绪很关键。朋友圈是微商吃饭的地方，不是用来倾诉心理垃圾的地方，如图 4-16 所示。吃饭的地方千万不能用来倒垃圾！

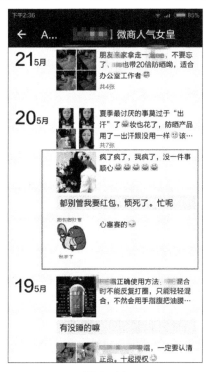

图 4-16

微信朋友圈作为一个虚拟的公共场合。微商偶尔的抱怨可能会让你显得很真实，而长年累月对生活的不满足和对别人的埋怨足以拉低别人对你的信任度。哪怕产品再合适，消费者也不会在一个自己不信任的人手上购买。

做微商其实就是做人。消费者没有义务同情你、理解你、安慰你。微商必须永远把自己最积极、最乐观、最向上的一面表现出来！朋友圈也不是负面能量垃圾场，你不能一边在朋友圈做生意，一边在朋友圈发泄自己的情绪垃圾。

4.5.2.3　不要刷屏！不要刷屏！不要刷屏！

很多人觉得重要的事情要说三遍，但刷屏是微商大忌！毫无疑问，绝大多数人对微商的反感就是从刷屏开始的！

互联网时代给消费者最大的权力就是选择权，在电视机时代，用户的选择权很小，就那么多电视台，你不得不听无数遍羊羊羊。而在互联网时代，稍微让用户不舒服，用户就马上用鼠标投诉。

总结起来刷屏会对用户造成以下伤害。

1. 消耗消费者的手机流量

目前，电信运营商的流量费用仍然居高不下，因此大部分微信用户还是比较在意自己的手机流量的。微商如果多次刷屏，每次发出九张照片，很容易给普通用户造成浪费流量的感觉。

2. 占用消费者朋友圈

一个普通微信用户，通讯录里面顶多 200～300 人，而微商高频率的刷屏，容易占据普通用户的大部分朋友圈消息，会对消费者造成极大的重复信息骚扰。消费者也不会让自己的朋友圈充斥着无效信息。甚者还有利用小视频来刷屏的，更是让很多消费者忍无可忍，唯有屏蔽。

疯狂刷屏的微商，其实并不理解微商的本质，微商的本质是人，其次才是产品。如果图一时之快，完全是损人不利己。消费者连看到电视广告羊羊羊都会引发恶意评价的浪潮，更不会允许有人直接在自己的手机上肆意妄为。

如果实在要刷，最好的解决方法就是把自己的朋友圈分组，新顾客是一组，老顾客是一组，本来的朋友是一组，亲戚是一组，每天根据每组类型刷两三条朋友圈，这样各个分组互不打扰，各取所需。

4.5.2.4 传播低级谣言只能让你显得低级

微信公众号传播恶意谣言容易被举报甚至封号，而微商传播谣言很容易被消费者看低。

朋友圈里的内容鱼龙混杂，大部分谣言让人防不胜防，即便是在某一领域有极高造诣的人，在另一个领域往往也是和普通人一样的水平，所以我们经常能看到很多名人因为一些低级的常识性失误造成形象扣分。

而很多谣言也是流毒甚广，甚至早在 PC 时代的谣言也能换一个外衣重新回到手机中传播，百度百科甚至还选出了 "2014 朋友圈十大谣言"，如图 4-17 所示。

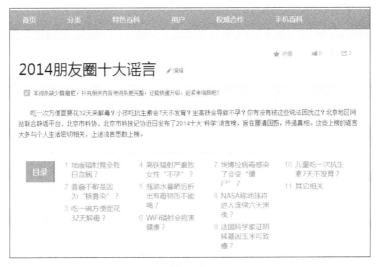

图 4-17

相信很多微信用户在朋友圈中都多多少少看过上述的谣言，普通微信网友发放这些无伤大雅，而微商朋友需要睁大自己的双眼，努力避开类似的谣言，毕竟与一般微信用户不同，微商需要专业正面的朋友圈形象来维持消费者的信任感，而不是耸人听闻的刺激眼球的谣言。在移动传播时代，往往一个谣言开始传播的同时，辟谣的文章也开始出现，这样在朋友圈传播谣言被打脸的几率也高了很多，所以遇到耸人听闻的"新闻"之前先不要着急转发，因为传播谣言被用户看低完全是损人不利己的。

更作死的方式就是自己主动造谣了。个别微商为了寻求关注度，将道听途说的小道消息整理成谣言，且不说对消费者的欺骗，造谣行为本身就是违法的。如图 4-18 所示即为造谣求关注事件。

图 4-18

4.5.2.5 群发信息就是主动作死

很多微信用户都有这样的体验，莫名其妙地收到一个不熟的微信好友的一段微信，讲述种种与自己毫无关系的事情。这样的用户体验是非常差的，也是令人反感的。如图 4-19 所示即为群发信息。

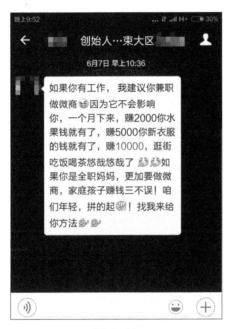

图 4-19

真诚是沟通的基础，群发的信息既造成对用户的骚扰，又显得毫无诚意。很多微商静静地躺在消费者的通讯录里，偶尔发发朋友圈，一般消费者还没什么反感。这种强制打扰的群发信息，只能引起消费者的注意并删除。

因此，如果真有内容需要群发，我们只需要加上消费者的名字，再把内容逐一发送给他们。因为所有人都对自己的名字异常敏感，有名有姓的对话交流虽然使用时麻烦点，但是所有人接收到信息时都能感受到你满满的诚意。这也是基本的沟通技巧和礼仪。

4.5.3 信任感来源于消费者喜欢看你的朋友圈

朋友圈，顾名思义，首先你要成为顾客的朋友。在平常生活中，你不会去刻意地讨好你朋友，你也不会刻意地欺骗你的朋友。同理，你只要把微信上的顾客当做你的朋友，你既不会去欺骗他们，也不会去刻意讨好他们。这就是朋友圈相处的基本原则。

你希望能与什么样的人做朋友？你就要努力成长成那样的人。这样别人自然乐意与你做朋友。而朋友就意味着信任。

4.5.3.1　看脸的社会需要你收拾好你的脸

一个残酷的现实是，无论现实世界还是虚拟世界，这个社会都是看脸的！美女帅哥天生自带颜值加分属性，办很多事情都要相对轻松很多。进入互联网时代，所谓"点赞太容易，当面夸太难"。大家面对面沟通的机会不多，但是通过屏幕展现自我的机会却多了。所以虚拟世界让你更容易"作弊"，毕竟美图和 PS 要比整容来得又快又便宜。无论男女，真理就是人人都爱美女，长得漂亮，就算卖豆腐都会被人捧成"豆腐西施"，自然生意不会差。这也是为什么很多美女做微商成功率更高的原因。此时"天生丽质"已经超越产品成为了核心竞争力。

因此，在上文微商个人头像设置中，我们建议微商设置出与自己销售产品相关的真人头像。在朋友圈的配图中，微商自己高颜值的照片可以提升别人对你的好感。手机市场中也有大把图片美化软件能够让微商快速"作弊"。如图 4-19 所示为市场中大把大把的美图软件。

所以，请收拾好自己的头像，争取做到人见人爱。

图 4-20

4.5.3.2 做一个有趣的人，一个脱离了高级趣味的人

回忆一下你身边那些有趣的朋友，他们总是能够不断传递欢乐，不断让你放松下来，甚至有时候还可以苦中作乐。毫无疑问，将乏味的生活变得有趣起来，这也是一种能力。我们每个人都愿意和有趣的朋友在一起。

而人在开心和放松的时候，戒备感是最低的，做微商要问问自己，你的朋友圈能不能让你的消费者每次刷到你，都感到有趣和放松？所以做微商，要有一颗段子手的心！

做到以下三点，可以让你的朋友圈更有趣。

1. 内容有趣

大部分消费者面对枯燥无味的工作，在刷朋友圈的时候，肯定不愿意继续看到枯燥无味的内容。而微商平时工作的点点滴滴，甚至和顾客聊天的截图，都可以用风趣的方式描述出来，如图-4-21 所示。

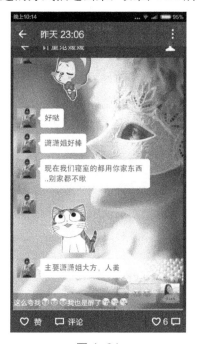

图 4-21

如果自己每天的工作确实找不到有趣的地方，那么我们还可以做一个有趣内容的传播者。因为每个微商朋友自己的朋友圈，每天也会有大量顾客发布他们的趣事，只要征得发布者的同意，微商可以转发这些有趣的内容，这也可以让原发布者感到被重视和开心，如图 4-22 所示。

图 4-22

如果以上两点都找不到，那么最笨的方式就是做互联网的搬运工，每天微博、糗事百科、知乎上面都会产生大量的段子。很多没有署名出处的新鲜段子，都可以用来活跃你的朋友圈。就像当年红极一时的古装搞笑电视剧《武林外传》，里面就借鉴了大量在互联网上流传已久的段子。

2. 引发共鸣

主打化妆品的微商，是不是可以多谈谈感情中的相处之道？主打白领消费产品的微商，是不是可以来一些办公室机智对话？主打运动产品的微商，是不是多聊聊坚持与毅力？

能引发共鸣的内容，趣味性一般也很强，得到的共鸣越多，消费者对你越信任。共鸣就是价值观，价值观一致当然就是自己人，是自己人的话，就什么都好说了，支持购买一点产品，更是不在话下。

例如 2015 月 6 月中旬，一条"拐卖儿童一律死刑"的图片刷爆朋友圈，如图 4-23 所示，这就是正义感的共鸣。

图 4-23

3. 引发善意的争议内容

一条能够引发善意争论的微信，是具有话题性的，也是有趣的。例如"这条裙子的颜色是白金还是黑蓝？"（如图 4-24 所示），这条微信就曾引发了全民大争论。而类似"西红柿炒蛋时，先放鸡蛋还是先放西红柿"的问题，也能在朋友圈引发善意的争论。此时微商如果能够主持好这场争论，摆出正反两方的观点和最后的总结，是会让人刮目相看的。

注意，一定要选择善意争论的内容，容易引发恶意争论的内容，千万不要去碰。尤其是涉及到政治、宗教、地域攻击等的敏感话题，更是要避而远之。

图 4-24

4. 内容的表现形式风趣

主打小女孩产品的微商是不是可以多用表情、用颜文字 O(∩_∩)O？如图 4-25 所示即为活跃气氛的颜文字。

图 4-25

大量运用颜文字和表情，可以让文字更加生动活泼，尤其是针对女性销售的微商产品，感性的文字表现形式更容易抓住女性的眼球。

最近还流行用阅读全文来逗趣的方式，通过巨大反差带来趣味感，如图 4-26 所示。

当用户点开"全文"之后，就会另有一番发现，如图 4-27 所示。

图 4-26

图 4-27

图 4-27 点开全文之后，微商陈韵楹用这种方式向阅读者问早，新颖的方式令人会心一笑。

5. 有趣的配图

我经常问面试微信运营的求职者，微信朋友圈为什么不鼓励只发文字？为什么还要长按右上角按钮才能发布纯文字，这显然和微信坚持的人性化背道而驰？

其实就是因为一图胜千言，在手机狭小的屏幕中，阅读大量文字的客观条件就不好。而一张图片却可以包含很大的信息量。好的配图，绝对能够提升趣味。要是每天都有新鲜的图片配上文字，一般消费者还真舍不得删了你，毕竟有趣的好图难得。

其实就靠图片分享这一招，在 PC 时代就让很多网站存活下来了，更何况免费分享好图的微商呢？看看如图 4-28 所示的图片。

图 4-28

如何知道自己配的图受不受欢迎？看自己的配图有多少被别人复制过去后，再发布到朋友圈。

至于一些"福利"图，就看是否符合所从事微商产品的调性。很多男性用户朋友圈里，却有卖女性内衣的微商，而男性用户出于养眼的目的一般是不会屏蔽的。

图 4-29 中的微商是做女性内衣的，每天都会发出买家秀的图片。然而男性用户并不是该微商的目标客户，因此对提升业绩毫无帮助。顺便说一句，图中该微商起名"聃"，估计 90%以上用户不认识也打不出这个字，无法对用户形成有效记忆，犯了起名大忌。

当然，模糊不清的配图也不宜发出来。

图 4-30 中的大鱼小鱼图案，经过多次网络流传和各种压缩，早已经不清晰，不宜再作为配图发布。

图 4-29   图 4-30

熟练运用以上五点，能让你的朋友圈变得更加有趣，举手之劳，何乐而不为呢？

4.5.4 几大细节，提升信任感

4.5.4.1 合理发布小视频能够迅速提高信任感

在 2014 年发布的微信 6.0 版本更新中，微信推出了朋友圈发布小视频功能。微信官方介绍："我们必须降低接收方的流量压力和播放时的心理压力，我们在小视频正式发布前进行了长达半年的体验测试，发现 6 秒是最适合的长度。"

面对文字可以抄袭、图片可以复制的互联网环境，6 秒微信小视频的推出无疑为增加双方互信，提供了一个新的方式。毕竟即时性和随机性的微信小视频是无法迅速复制的。

因此为了增加客户信任感，微商完全可以拍摄库存、门店、快递单等能证明自己真实感的视频。

图 4-31

小视屏在朋友圈相册中，会在图片左下角有小视屏的标志。图 4-31 中的视频就是该微商用来展示自己的库存实力的。陌生客户添加微商之后，如果是真心来交易的，一定会反复查看该微商的朋友圈，稍有疑惑就会终止交易，就像我们在淘宝购物时不仅仅看好评更要看差评一样的心态。互联网信任脆弱而珍贵，合理运用小视屏，可以让对方更加直观地了解自己的实力，尤其是满仓库的产品的照片，足以证明该微商是一个有实力的卖家。当然，微商在拍摄视频的时候，最好把自己的标志物也拍进去，比如自己的名片等，进一步证明视频是自己拍的，用每一个细节来提高客户信任度。

需要注意的是，6.0 以上版本的朋友圈视频是默认开启的，即使在非 WiFi 环境下，微信也会播放视频，会给消费者一种非常费流量的感觉，因此建议晚上使用小视屏功能。如果丧心病狂地用小视屏刷屏几乎是 100%会被屏蔽的。

4.5.4.2　互动！互动！互动！

重要的话要说三遍！

长期不互动的好友，几乎等于没有加。

只会点赞的互动方式，往往是一种变相的骚扰。

很多微商朋友看似在做微商，但是做着做着就变成加好友了，对好友互动却完全忽视，造成了极大的时间成本的浪费。

总结，互动有以下三点要注意。

1. 加好友时的互动

从添加好友的一开始，就是互动的开始。很多没有做微商的朋友都有这样的经历，每天在微信上收到好几个加好友的提示，但是通过好友申请之后，该微商却一直不来沟通任何内容，估计只是为了能刷用户朋友圈而加的。其实哪怕只是发一个微笑，或者一个问好，都会拉近与新加朋友的距离。

2. 朋友圈互动

人总是渴望虚荣的，被点赞也是之一。

而朋友圈被点赞，恐怕是最"虚"的虚荣了。

但是微商连这点虚荣都不给消费者的话，要么太懒，要么太笨，要么太屌。

消费者的七情六欲喜怒哀乐都会在朋友圈里展示，微商要做的其实只是混个脸熟，刷的是消费者的眼球和注意力。

但是如果只去点赞的话，显然又是太懒了。因为点赞太容易，而容易做到的事情就难免会让人产生"廉价感"，就像你不会去回复群发短信一样的心态。

我有段时间曾经每条朋友圈的内容，都被一位微商朋友点赞，而且她的名字还特别长，基本上要占一行位置。但是奇怪她从来不评论我的任何内容，我渐渐感到她的点赞实在廉价，所以只混到了知名度，并没有上升到美誉度。

所以，只点赞还不够，最好的方式就是直接评论。

朋友圈消费者的喜怒哀乐，我们都可以找到一个话题点切入进入，很多消费者发完之后，迫切地等待有人能够看到并评论，因为大家刷的不是朋友圈，而是一种存在感。

消费者晒什么，我们就可以评论什么，很多话题不需要微商自己绞尽脑汁想出来，消费者自然会在朋友圈流露出他们的喜好。每个人总是乐于谈论自己最擅长的领域，我们都从自己最擅长的领域得到满足感和存在感，这就是人性的弱点。所以微商利用这个技巧，完全可以迅速和用户建立持续沟通的基础。

图 4-32 中该微商加入作者朋友圈之后，不断寻找切入点，努力和作者沟通，非常用心和努力，在作者没有及时回复时，依然保持耐心。

而微商努力做到及时在朋友圈里评论和沟通，无论沟通的内容是什么，沟通的目的已经达到，既满足了消费者的存在感和虚荣心，又让自己在消费者心目中混了一个脸熟，只需要坚持做 1 个月，想必这个消费者已经完全对你放下了戒心。

图 4-32

3. 售后互动

很多微商很怕售后消费者来找，因为顾客回来找一般都不是什么好事，要么是觉得买贵了要退，要么就是用在脸上过敏了。而更多的用户当用到不合适的产品之后，只会觉得自己倒霉，连找都懒得找，这种顾客无疑会流失掉。

产品售出之后，才是真正消费者体验的开始。完整的售后沟通分成三步，分别是在发货后、签收后、使用后。

1）发货后

及时告知消费者物流信息和物流条码，跟踪并告知消费者物流情况。这样可以有效降低顾客在微信购物中普遍存在的不安全感。

2）签收后

及时告知消费者产品的使用方法和使用注意要点，避免因为使用不当造成用户的误解。

3）使用后

产品正常使用后，微商可以计算用户对该产品的消耗时间，例如一盒面膜使用两周，两周后该消费者就可以再次购买，微商应该及时跟踪，将售后服务变成售前服务。

当产品出现使用问题时，千万不要急于和顾客争辩，无论是产品本身的问题还是顾客自身使用问题，情绪化的争辩无法解决任何问题，只能让问题加深。此时应该具体分析问题原因，如果确实是因为产品原因导致的，首先主动检讨，争取顾客的谅解。如果是因为顾客自身原因导致的，也要主动检讨自己没有及时了解并告知顾客注意事项。

微商的消费者来之不易，而很多微商卖出产品之后，就不再过问消费者，本质上仍然是对自己所售卖产品的不自信。因为一问就是抱怨，一问就是不满，微商自然不敢多问，以免没事找事。

毕竟消费者买的不仅仅是产品，还有由微商的服务和态度构成的整个用户体验。

每一次售后互动，就是一次售前沟通的开始。每一次客户问题的解决，就是一次顾客信任的累积。每一次坦诚地面对产品问题，就是让自己练就一双选择产品的慧眼。

4.5.4.3　不要自卖自夸，要让消费者夸自己

王婆卖瓜自卖自夸，微商不是王婆，而自卖自夸也效果甚微。

最好的夸奖，来自消费者的使用效果反馈。

最好的传播，就是消费者自己的口碑传播。

微商对产品的宣传，需要努力寻找消费者的带入感，因为没有消费者

的带入感，总是让人感觉生硬。

如图 4-33 所示是常见的微商宣传方式，在朋友圈发布产品名称加上价格，然后配上 9 张图片。

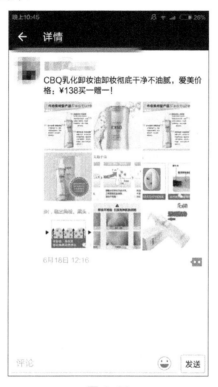

图 4-33

而同样的产品，换一种宣布方式，完全是不同的效果。如图 4-34、图 4-35所示该微商在朋友圈发图展示了消费者和她的对话过程，语言真实自然，既表现了产品的优秀，又表现了该微商对顾客的服务能力，可谓一举多得。同时，消费者看到这样的对话过程，自然会更加相信该微商。

所以，就像汽车广告，要么表现年轻自由无拘无束，要么表现一家三口其乐融融，要么就是成功尊贵受人敬仰。其实都在努力将自己的目标群体带入相应的场景之中。微商宣传的带入感就是口碑传播的放大。

图 4-34

图 4-35

这也是为什么很多淘宝店对消费者的图片好评返现金。来自消费者真实的使用评价，很大程度上决定了我们的购物倾向，口碑式的传播杀伤力是最大的。

而传统的硬广推广在同质化的宣传环境中，很难再出彩。而对话截图这种口碑放大化的推广方式，从自卖自夸转变到口碑传播，对消费者的带入感更强，效果自然也会更好。

4.6 微商如何选择产品

消费者买的不是微商的梦想，消费者买的不是华丽的辞藻，消费者买的不是空洞的图片，消费者买的只是产品，所以一切还是回到产品的本质。无论微商个人多么努力，永远无法改变产品品质，产品决定顾客的去留，产品也决定微商的生死。

很多朋友刚刚加入微商行业，对产品一无所知，很容易经不起诱惑上当受骗，很容易一哄而上卖面膜，最后所有产品都砸在自己手上，既把朋友圈的朋友得罪光了，还没挣到钱，落得一个人财两空的局面。因此，选择产品是微商从业的最关键一步。

4.6.1　什么是好产品

有句话叫：幸福的家庭都是相似的，不幸福的家庭各有各的不幸。对于产品来说，在五花八门的产品之中，优秀的产品其实也都是相似的。

如何找到优质产品？

4.6.1.1　品质过硬

很多奢侈品在成为奢侈品之前，一定是品质过硬的产品，再通过时光让这些产品逐渐演化成了奢侈品。测试产品品质最好的方式就是亲身使用和体验。既要大量使用本产品，又要测试其他产品和本产品的差异。

与此同时，还需要配合专业知识的学习。以化妆品微商为例，目前 80% 的微商都是从事化妆品行业，而已经有大量的化妆品知识积累和沉淀在各种专业书籍之中，它们都在等待你去了解去学习，如图 4-36 所示。

只有通过学习你才知道原来这瓶爽肤水涂到皮肤上后很快就没了，可能不是因为爽肤水吸收好，而是因为酒精含量多，一下就蒸发了，但是酒精在外盒的成分表上却写成了乙醇。

只有通过学习你才知道原来用了某产品之后满脸长痘痘，并不是像厂家所说的皮肤在"排毒"，而是因为产品本身的刺激性引发皮肤免疫性反应导致"起痘"。

只有通过学习你才知道原来重金属铅加入面膜之后能够和皮肤黑色素产生反应，起到暂时美白的功能，但是长期使用却会让消费者重金属沉淀，皮肤越来越差。

图 4-36

亲身体验产品会让你更加生动更加感性地了解自己所卖的产品，通过专业学习能够让你面对消费者的种种疑问时依然自信满满。

很难想象连自己都不敢用的产品如何卖给消费者，很难想象靠无知者无畏的态度能做好微商。

除化妆品以外，通过微商卖蜂蜜、卖女装、卖奶粉等，体验和学习都永远是了解产品品质的最好方法。

4.6.1.2　价格合理

一块香皂卖到 100 多元钱合理吗？即使市场公开拿货价才 20 多元。

一盒面膜平均卖到 198 元合理吗？即使市场公开拿货价不到五十元。

一支唇膏卖到 99 元合理吗？即使生产成本不到 5 元。

为什么连大部分实体店都不敢怎么卖的高价，部分微商就敢卖呢？

价格的基础是价值，违背价值规律存在的产品，要么产品销声匿迹，要么市场价格混乱，而这只是时间问题。（实际上，很多实体店低价销售微产品，如图 4-37 所示。）

图 4-37

很多微商自己出售的产品，连自己进货价拿货都舍不得买给自己用，而舍不得其实就是买不起，自己都买不起的产品，自己的朋友圈又如何能够持久地消费呢？

因此，什么是产品合理的价格呢？产品合理的价格并是不一条硬杠杠，它是基于你的收入水平的。我们把产品价格合理的底线定义成我们自己能用得起的价格。而一个人的收入，大致是自己 5 个最好的朋友的平均值。你能用得起，你的朋友也就能买得起、用得起。

3. 使用周期越短越好

选择使用周期短的产品，意味着消费者重复购买的几率大，这就是快速消费品，那么生活中有哪些快速消费品呢？

- 个人护理品产品，包括口腔护理品、洗发护发产品、化妆品、纸巾等。

- 家庭护理品行业，包括以洗衣皂和洗衣液为主的衣物清洁品，和以洗洁精、洁厕剂、空气清新剂、杀虫剂为主的家庭清洁剂等。

- 食品饮料产品，包括各式饮料、烘烤品、肉菜、水果、乳品以及各类主食。

- 烟草制品、各种酒精饮料等。

以上是快速消费品的分类，结合微商特征筛选，我们可以看出：

- 从发货便利性来看，食品饮料产品、酒类大部分不便于运输保存。

- 从产品单价来看，食品饮料、烟草酒类、家庭护理用品的价格相对透明，而且单品毛利空间少。一个订单的毛利空间甚至不够支付快递费。

- 从国家政策来看，烟草制品是国家垄断专卖经营，正规经营需要办理烟草许可证件，且个人不允许网络经营烟草。

经过筛选之后，只有化妆品既便于运输又价格模糊，同时，相对于普通的化妆品水乳霜三个月的使用周期，面膜一贴一片的使用速度，又是化妆品中最快的。再加上加工成本极其低廉，面膜成为微商宠儿也可想而知，甚至"在朋友圈卖面膜"都成为了微商的代名词。

当然，在快速消费品里，除了面膜和各种化妆品之外，价格模糊、单价高、易保存且当地不易购买的特色食品，如川西腊肉、蜂蜜等易保存食品，完全可以成为微商产品。海淘食品，如国外奶粉、韩国饼干等，这些都可以成为微商产品。

随着消费节奏的加快，很多以前的耐用消费品，也逐渐变成了快速消费者，例如手机及各种数码产品，很多人也是每年一换的节奏，这也可以成为微商产品。

品质过硬、价格合理、使用周期短是优秀微商产品的三大特征。那么卖 100 多元 200 多元的面膜是不是优秀微商产品？显然不是，至少没有满足价格合理这一条件。但是如果同品质的面膜降到 39 元来销售，这款面膜无疑又是一款优秀的微商产品了。

4.6.2 把优秀的传统产品搬到微商上

目前市场上很多品牌都开始做微商，但是，并不是"宣称"做微商的产品你才能把产品放进朋友圈，还有大量优秀的产品只有你能够在朋友圈里卖掉，这其实都算是在微商。

所以我们不如放宽眼界，把选择优秀产品的目光从网上转移到线下，转移到你的生活中寻找。大部分微商都是兼职，所以除了做微商之外都有从事其他工作，我们也可以利用本职工作中的优势做微商。例如你是一家服装公司的行政文员，你完全可以做微商销售自己公司的服装。例如你是一家网络建站公司的财务，你完全可以做微商销售自己公司的建站方案。或者你只是一个消费者，买到了一款口味不错的小众饼干，你都可以联系厂家来做微商。或者你的老家盛产某种农副产品，你也可以通过亲戚好友找到一手货源，做微商来销售。这些产品都是经过你长期体验的，你对它们的优点和缺点知根知底，直接用了做微商，节约了大量学习成本。而且卖你喜爱的、了解的产品，无疑能够让你更加自信地面对顾客。

我们曾经听说过"你用着好的产品，不代表别人用着好"，一下打击了很多人的积极性。不过现在是"你用着好的产品，和你一样的人也会用着好"，只需要你找到和你一样的人群。因此，仔细观察自己的行为特征，例如你喜欢什么电视剧、喜欢上什么网站等，筛选过后，在网上表现得更积极一些，自然能够找到和你一样的人。你需要和喜欢的产品，就是与你同一类人都需要和喜欢的产品。

4.7　开发一款微商产品

在互联网时代下，一切门槛都在慢慢被打破，包括很多人之前认为高不可攀的生产制造环节，现在都已经面对大众开放。在很多情况下，开发一款微商产品似乎比做一个总代理更挣钱。

4.7.1　开发产品之前你要想清楚的两件事

4.7.1.1　第一件事：钱够不够

一分钱难倒英雄汉，仅仅因几万块周转不过来而倒闭的公司太多了。

以微商从业最多的化妆品行业来说，从新产品设计思路到成品落地，哪怕是行业领先的公司，最快最快也要 45 天以上，平均工期在 90 天左右。因为生产工厂员工不会听你说短平快的互联网思维，生产厂家不会因为你着急而打乱生产计划。你必须协调容器供应商的生产时间，内容物供应商的生产时间，灌装工厂的生产时间，外包装纸盒工厂的生产时间。这还只是一个新产品，如果你要生产一套产品，那么以上工作量至少要乘以 4。最后你还要去食品药品监督管理局为你的产品备案。

与此同时，当你选择决定开工的那一刻，意味着从生产开始三个月内账上的钱只有往外出，不会有钱往里进。你需要承担至少三个月的生产费用、员工工资、办公室房租水电等。当产品出来之后，你还需要承担物流费用、仓库费用等。当你想办一个新产品发布会的时候，酒店费用、媒体费用、宣传费用又是一定要支付的。

现在你明白为什么微商上最喜欢卖的就是面膜了吗？就是因为生产流

程相对简单！

最后，如果这款产品因为定价、设计、产品质量等原因没有受到市场的好评，你又必须承担失败的费用，你又能否能承受一场失败呢？

所以，钱够不够？这是第一个问题，也是最重要的问题。

4.7.1.2 第二件事：对生产流程熟不熟

虽然生产制造的门槛已经非常低，但是对供应链不熟的新手很容易被坑。以面膜为例，从设计、配方、内容物、生产到出库为止，每一个环节都有大量的行业规则和潜规则，例如设计包装的时候漏了一个 QS 标志，整批包装都得报废。

每个人都希望自己的产品效果明显，当你问工厂如何让你的面膜效果明显一些的时候，生产工厂会告诉你两个方案：第一是大幅提高原料成本，采用更好的原料，每片面膜因此成本提高 3 块钱，工期还要延后 1 个月，才能达到你想要的效果；第二种方案就是加入糖皮质激素，成本基本不变。

在这种情况下，你又要如何选择？

如果你看过之前章节推荐的化妆品书籍，你会告诉对方工厂：加入冰片促进深层吸收、加入红没药醇抗过敏、国内最好的通明质酸也才 5000 块一公斤等，每片面膜成本不过只增加 5 毛钱，这样对方可能因为你的专业从而有所忌惮，不再漫天要价。

如果你对专业一无所知，又不愿意耽误工期，那么加入糖皮质激素，成为你没有选择的选择，导致的后果也无法预料。

请看看如以下报道。

美颜神器实为"毁容杀手"特效面膜背后暗藏激素滥用
2014-12-07 10:21:00 来源：中国广播网

央广网北京 12 月 7 日消息（记者温飞）据中国之声《央广新闻》报道，面膜是很多女性的美容必需品。号称"童颜神器""特效嫩肤""一夜变白"等这些神乎其神的特效面膜充斥着消费市场。这些特效面膜究竟是美颜神器还是毁容杀手？专家表示，选择要理性，如果长期使用含糖皮质激素的美白面膜，会导致激素依赖性皮炎。

糖皮质激素，是由肾上腺皮质分泌的一种激素，具有强大的免疫抑制和抗炎作用。然而，这些糖皮质激素到了原料商手中，就变成了一个非常受欢迎的名字——"美白素"，然后就进入了化妆品生产工厂的产品线中，最后流到消费者手中，变成了各种"童颜神器""特效嫩肤""一夜变白"等神乎其神的特效面膜和美容产品。北京协和医院皮肤美容科主任孙秋宁教授表示，添加了激素的面膜或美容产品，可以在短时间内抗炎和抑制免疫反应，并且可以使皮肤的毛细血管强烈收缩，临床的效果就是有痘祛痘、美白立竿见影。但是，如果长期使用含有激素的面膜或美容产品，会导致激素依赖性皮炎。

孙秋宁：老抹激素，老抹激素，（内分泌系统）就认为你的激素够了，不再分泌激素。包括吃进去的激素其实也是这个问题，因为身体是有的，你外界地加了以后，身体觉得你不需要了，就不再分泌激素了。因此长期用会有一个副作用，长期使角质层萎缩，所以皮肤就变薄。短期内用觉得皮肤变薄，就是皮肤发嫩，而且血管扩张，有种粉红色的感觉，但时间长了以后皮肤一薄对外界的抵抗力就很弱了，比如说日晒，身体的温度一变化就没有抵抗力了。

孙秋宁表示，激素依赖性皮炎在中国越来越多。她也提醒爱美的女性，要慎重选择面膜以及美容产品。同时，她也呼吁，美容产品的厂家要标明产品的成分，让消费者明明白白地使用。

孙秋宁：激素依赖性皮炎其实在中国是个特色，在国外所有的产品必须把成分标明，但是中国不标明，所以激素依赖性皮炎就越来越多。我们希望护肤品也好、化妆品也好，它里边含有的成分应该明确标出来，所以比较正规的护肤品、化妆品还有面膜应该写出来它都含有什么成分。

原文网址：http://china.cnr.cn/ygxw/201412/t20141207_517011484.shtml

这篇文章的报道时间是 2014 年 12 月，在半年之后，微商面膜逐渐泛滥，大量的负面报道也都是集中在激素面膜问题上，央视也在 2015 年 4 月对几家微商热卖的面膜进行了点名报道，如图 4-38 所示。

图 4-38

在央视的曝光下，面膜添加糖皮质激素问题公开化，相关品牌厂家及时回应的结果就是——央视所曝光的工厂都是生产假货的工厂。

4.7.2 模拟自行生产微商面膜的正规流程

既然上文说了自行生产微商产品的种种难点，那么生产微商产品的优点是什么呢？优点很简单，就是暴利，而且是赤裸裸的暴利。

当你了解了生产成本和很多微商产品的零售价之后，你就会发现，生产成本低到可以忽略不计！

我们现在模拟一遍生产一款微商面膜的正规流程。

4.7.2.1　公司注册和商标注册

为了更加正规，我们首先需要注册一家公司，那么注册一家公司需要哪些材料呢？根据各地注册差异，大概需要以下材料。

- 名称通知书（名称核准通过打印）

- 股东私章

- 公司设立申请书

- 公司章程

- 董事法人监事任免书

- 总经理任免书

- 全体股东法人身份证原件

注册公司流程：

（1）市场监督管理局网上申请核准公司名称（2~3 个工作日）；并打印名称预先核准通知书。

（2）市场监督局办理营业执照，带齐资料（资料如下：公司设立申请书、公司章程、董事法人监事任免书、总经理任免书、全体股东法人身份证原件、名称预先核准通知书）。

（3）凭营业执照刻印公章、财务章。

（4）凭营业执照办理企业组织机构代码证。

（5）凭营业执照和组织机构代码证办理税务登记证（国税、地税）。

当然，如果觉得麻烦，最简单的方式就是找中介代办手续。完整的一套手续代办下来大概需要 4000~5000 元。现在很多地区鼓励创业，也有很多优惠政策出台，如果个人去走流程办理，费用大概在 1000 元不到。

有了正规的营业执照之后，我们可以注册商标（个人也可以注册商标，不过个人注册之后需要授权给企业使用），打开万能的淘宝，搜索关键词"商标注册"，结果如图 4-39 所示。

图 4-39

在代理公司把我们所需要的商标报送国家商标局后，会在 10~20 个工作日下发受理通知书，有了受理通知书，我们就可以使用 TM 标进行生产了。

4.7.2.2　寻找代工厂家

商标可以使用之后，我们要设计出我们的产品包装。

打开万能淘宝，搜索关键词"包装设计"，结果如图 4-40 所示。

图 4-40

　　产品的设计逼格越高，卖相就越好，不过我们在淘宝找到的包装设计的外包，最多花费也不过几百元而已。

　　有了正规的营业执照、商标和设计方案，我们就要开始生产产品。此时打开阿里巴巴，输入关键词"面膜 OEM"，选择按销量排名，结果如图4-41 所示。

　　以销量排名来看，大量代工面膜成本不过 1 元多钱，而且都是主流热卖的"三层蚕丝面膜"。我们任意选择一家供应商，打开如图 4-42 所示页面。

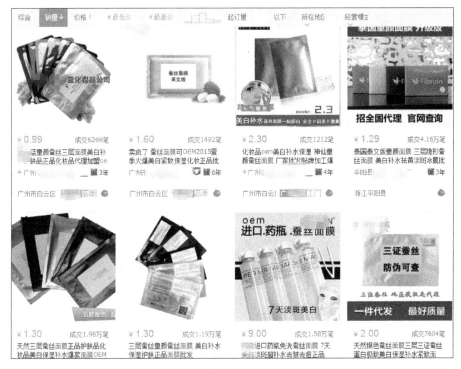

图 4-41

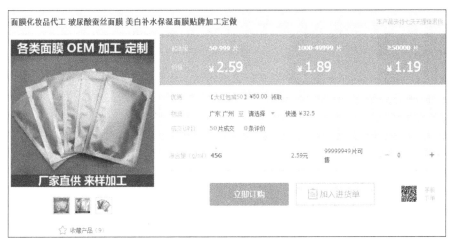

图 4-42

该供应商在起批量 50000 片以上的标称价格是 1.19 元，当然我们知道肯定是可以还价的。在该公司的具体介绍中，厂家还提供更多的生产合作细节，如图 4-43 所示。

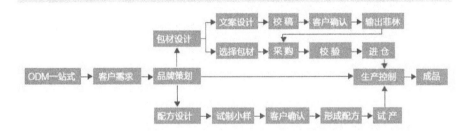

图 4-43

文字介绍中，厂家详细地介绍了各种合作流程。

OEM 代加工主要流程

一、【散料加工】

1. 接洽业务，相互沟通确定产品需求；

2. 按客户要求提供样品或试用装；

3. 样品确认；

4. 下订单，预付代加工订金 60%；

5. 工厂按单计划生产；

6. 结算余款，安排发货。

二、【来包材加工】

1. 接洽业务，相互沟通确定产品需求；

2. 按客户要求提供样品或试用装；

3. 样品确认；

4. 预付代加工订金 60%；

5. 包材入厂；

6. 工厂按单计划生产；

7. 进行半成品生产、微检，同时包材清洗、消毒、打码等生产工作；

8. 半成品箱装、入库；

9. 结算余款，安排发货。

ODM 流程

1. 接洽业务、相互沟通确立产品需求；

2. 根据客户需求制定投资方案，品牌构思设计；

3. 根据规划好的产品类别安排订样，确定包材，合作事项；

4. 包材定制；

5. 包材验收入库，计划生产；

6. 半成品生产并检测、灌装；

7. 成品入库；

8. 加工完成后，对整个项目的结算；

9. 结算完毕后安排出库发货。

大部分产品的外观、状态、色泽、香型都可按客户要求调配！

现在我们和客服确认一下具体的生产过程，如图 4-44 所示。

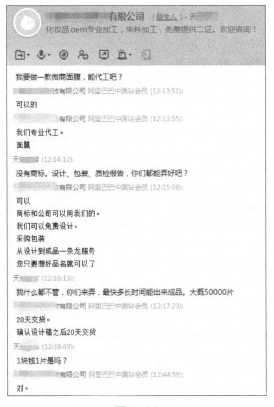

图 4-44

从对话中可以看到，即使没有注册公司和商标也没有关系，工厂都可以提供一条龙服务，只需要想好产品名称即可。

以上就是从注册公司到生产一款面膜的全部过程，一切都可以完全通过互联网来搞定！

我们最后算一下成本：

- 公司注册约 5000 元，一次性支付。

- 商标注册约 1000 元，一次性支付。

- 产品设计约 500 元，一次性支付。

- 工厂生产 50000 元（20 天生产 50000 片面膜）。

- 两名员工跟进 6000 元一个月（3000 元/月一个员工）。

我们再加上产品生产完工之后发过来的物流成本和仓储成本。那么一个月总共花大约 7 万元，就可以做出 50000 片正规的面膜！平均每片面膜平摊成本 1.4 元。一盒 5 片装，每盒蚕丝面膜的出货成本仅仅 7 元。而且随着生产规模的加大，以及前期公司注册等成本仅需一次性支付，每片面膜的成本还会下降！

如果我们免去公司注册和设计的费用，那基本上每片面膜才 1.2 元，每盒的成本仅 6 元。

对比微商中所有面膜品牌，总代价格拿货，一盒至少 50 元，到消费者手上的零售价，一盒几乎没有低于 100 元的。

而六七万元的投资成本，仅仅相当于某些微商总代理的代理资格。

4.7.2.3　生产出来之后怎么办

当我们这款面膜生产出来之后，我们设置每个总代理资格是 1 万拿 50 盒面膜，那么这批 50000 片面膜共计 1000 盒，可以招募 200 个总代理，总代理招募金额就可以达到 200 万！

为了鼓励我们的总代理们努力发展，我们制订以下营销方案：

每个总代理 10000 拿货 200 盒面膜，拿货价 50，零售价 198，再送总代理授权书，再送一部苹果 6 手机一部，再送本公司全国微商大会 VIP 门票 2 张。

这就意味着微商们只需要花 1 万块钱，就可以成为我们这款高级蚕丝面膜全国总代理，可以拿到 200 盒蚕丝面膜，公司还另外赠送苹果 6 手机一部！是不是很有吸引力？

苹果 6 我们算 5000 块一部，200 盒面膜成本是 1400 块，两者合计 6400。这意味着即使这么有吸引力的方案，作为组织者我们还从每个总代理身上挣了 3600，200 个总代理我们合计挣了 72 万！

最后，我们再拿出 72 万毛利中的 22 万，在某个五星级酒店做一场全国微商 VIP 大会，让所有的总代理都来感受一下我们的高大上！

以上就是所有微商神话的起点！

"如果有 10% 的利润，资本就会保证到处被使用；有 20% 的利润，资本就能活跃起来；有 50% 的利润，资本就会铤而走险；为了 100% 的利润，资本就敢践踏一切人间法律；有 300% 以上的利润，资本就敢犯任何罪行，甚至去冒绞首的危险" ——《马克思恩格斯全集》。

4.8　案例：一个小微商的感悟

2013 年 10 月底，我决定开个淘宝店，产品是塔罗占卜和水晶饰品，当时其实还没有想在微信上卖东西，后来觉得应该从朋友开始宣传。于是，我开始了在微信上宣传，当时的初衷完全就是想把微信上的朋友引流到淘宝上去买东西冲钻。

到了 2014 年五六月的时候，身边开始有好多朋友都在做微信营销。这时候朋友圈都被各种产品充斥着，感觉每个人都在刷屏，每个人恨不得把别人的手机都刷爆，全是自己的产品，说实在的，那时我也屏蔽了好些朋友的朋友圈，这样刷屏实在会让人厌烦。

刚开始在微信上宣传塔罗占卜和水晶的时候，也会专业性地介绍水晶的能量或者用法之类的，但是销量其实一般。更多的朋友是因为相信我支持我而买我的水晶，一段时间之后，朋友该买的都买完了，一下子进入了瓶颈期。

我思考了很长一段时间，在 2015 年 3 月底我决心开始加入，增加朋友圈的人数，增加新客户。于是我开始在一些论坛和贴吧之类的地方去宣传，我抱着先做朋友再做买卖的想法，在一些论坛发表自己日记和自己对塔罗占卜的新得。在文章的最后我都会留一句："加我的朋友可以获得免费占卜一次。"这样每次确实能加到不少真实的粉丝，高峰的时候一天能有 50 多个粉丝加我，我用心和这些粉丝交朋友，最后基本都成了朋友，再加上我占卜的准确性，水晶的成交还是比较快的。

现在的生意基本上是维持在比较稳定的增长的状态，不计塔罗占卜的收入，单纯水晶的销量，我一个月能达到 35000 以上。而且现在基本上都是朋友介绍朋友来加我，都是转介绍的朋友，当然我自己还是会不断地去增加粉丝。同时维护好我的粉丝，经营好我的朋友圈，只要在朋友圈有交流的粉丝，成交的概率能达到 80%。

到现在做微商两年了，我觉得这是这一份事业，收获的不只是金钱，更多的是朋友对我的这份深深的信任，很多生活上或者他们自己的小心事，都会分享给我，找我谈心聊天，真的很感动，这也是我一直执著坚持下来的成果。这其中其实也有很多次的瓶颈或困难，很多次想放弃的念头，但是由于自己这份执著劲儿，一直相信，走到现在，更多的想法欢迎一起交流，我是姿同，欢迎我们共同沟通，我的微信是 510418706。加我的朋友可以获得免费占卜一次哦！

第5章

微信自媒体怎么玩

匪我愆期，子无良媒。将子无怒，秋以为期。——《诗经》

媒体的"媒"字，最早是指婚恋里代为男女传情递意的中介，而现在媒体的含义放大了很多，通常是指大众信息传递的媒介。例如电视台、电台、报纸等都属于媒体。

80后和90后小时候，父母的嘱咐是少看电视；00后和10后，父母的嘱咐就是少玩手机。时代的进步，推动了信息需求的差异化，也造就了媒体的自我进化。从小被家长嘱咐少看电视的80后和90后，真的很少看电视了；而00后和10后，恐怕是再也放不下手机了。

移动互联网就是要改造一切，媒体也毫不例外。以自媒体为代表的新媒体横空出世，立将即电视台、电台和报纸媒体统统打成了"传统媒体"，可谓一夜老去。各路传统媒体人马，纷纷见贤思齐，大踏步地加入了自媒体的行列。

例如"罗辑思维"的罗振宇，多年央视经验，2008年从中央电视台辞职，成为自由职业者。曾担任《决战商场》《中国经营者》《领航客》等多家电视节目主持人，后来投身创立《罗辑思维》。"吴晓波频道"创始人吴晓波，毕业于复旦大学新闻系，本身是财经作家和"蓝狮子"财经图书出版人。

而自媒体平台中，虎嗅网创始人李岷是《中国企业家》杂志的前执行总编，钛媒体的传世人赵何娟是资深财经媒体人。

可以说，没有传统媒体就没有自媒体，而创新的第一步就是向传统告别。

不过无论自媒体还是传统媒体，媒体作为信息传递媒介的定义始终没有改变，只是在移动互联网时代下，媒体的传播渠道和传播方式发生了巨变。而传播的目的和传播本身，依然是营销的一部分。

需要说明的是，微信公众账号、微商和微信自媒体，并没有严格的界限，只是营销的着力点不同。而营销的本质就是做好"人""货""场"。从微信营销来看，微信公众账号就是"场"，基于服务、基于技术；微商就是"货"，基于信任，基于产品；而微信自媒体就是"人"，基于自己，基于兴趣。

自媒体是新媒体的子集，在微信营销的语境中，二者往往合二为一，毕竟微信让"再小的个体，也有自己的品牌"。

而新媒体的出现要比自媒体早，如图 5-1 所示。

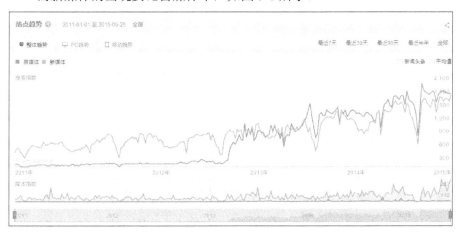

图 5-1

在 2013 年之前，新媒体的百度指数要远远高于自媒体，进入 2013 年之后，自媒体的指数猛增，在百度指数上始终比新媒体要高。反映出进入移动互联网时代，个人意识启蒙，自媒体的价值越来越高。

5.1　自媒体和传统媒体的差异

移动互联网让传播变得简单，话语权由高高在上变得唾手可得，而传统媒体的话语权垄断带来的权威感，也在被逐步瓦解，就像十年前称呼的"编辑老师"，到现在都成了"小编"。移动互联网带来的时代进步，带来了一场个人个性自我解放。每个人都成为了一个品牌，每个人都在为自己代言。自媒体人士就是自我代言的佼佼者。

5.1.1　人即品牌

传统媒体不是"人"。

体制内的传统媒体，坐拥庞大的社会资源，更像一个庞然大物，基于目标受众的广泛性，因此信息输出都中规中矩，整体上缺乏人格化的特征。

例如，哪个人能代表某个报纸？哪个人能代表某家电视台？

没有人能够代表传统媒体。

哪怕是媒体旗下当红节目主持人，在传统媒体面前，依然显得十分渺小，就像没有毕福剑的《星光大道》，没有乐嘉的《非诚勿扰》，栏目依然收视长虹。

与此相比，自媒体显然更具有人情味，更像一个活生生的人。

消费者更愿意和人做朋友，消费者不会和一家公司做朋友。在移动互联网时代，甚至很多互联网科技公司的人格化特征都越发明显。例如提起锤子手机必须提到罗永浩，提起苹果手机永远也忘不了乔布斯，提起特斯拉汽车就会知道马斯克等。产品和创始人关联度会越来越高，正如聚美优品陈欧所言"我为自己代言"。

而利用微信平台做自媒体，毫无疑问，塑造个人品牌是第一位的。

因此，绝大多数自媒体人士都使用自己的真名来进行传播。例如微信大号"罗永浩""连岳""马佳佳powerful""吴晓波频道"等，毫无例外都凸显出自己的真名。

就连很多之前没有用真名传播的自媒体人士，名气做大之后，也逐渐转向曝光自己的真名。例如知名自媒体人"万能的大熊"，最近越来越多的文章标题以真名"宗宁"作为开头，如图5-2所示。

图 5-2

因此，自媒体和传统媒体最大的区别就是自媒体更加突出自我，突出个人特质。自媒体的核心就是个人，无论背后的团队有多大，在前台被观众看到的就是一个活生生的人。一个有自己的立场、一个有自己的价值观判断的人，甚至一个有缺点的人。而自媒体，就是对自我价值的传播。

既然自媒体就是对自我价值的传播，那么无论是名商大贾，还是贩夫走卒，所有人都是也都可以成为自媒体。事实上，所有人都是自媒体，你在微信圈里的一举一动，一颦一笑，都是传播自我价值的过程。因此"自媒体"这个词，就是先有事实、再有对事实描述总结的一个词。

人即品牌，这就是自媒体和传统媒体最大的区别。

5.1.2　跟不上节奏的传统媒体

用户多样化需求的增加，加上移动互联网搭造的平台成就了一批自媒体人，可以看出，目前自媒体人士大都集中在互联网科技领域。而传统媒体对互联网领域知之甚少，很难发出专业的声音，双方的差异就像原子世界（现实社会）和电子世界（互联网）之间的差异。例如像微商领域，传统媒体由于自身条件所限，很难迅速跟进和全面报道微商的内容。

如图 5-3 所示是百度指数中的关键词趋势图，从时间轴可以清晰地看到微商在 2013 年之前，指数都是 0，从 2014 年 1 月到 3 月，微商才开始逐步开始爆发。而图中字母 ABCD 等是新闻头条对微商的报道节点，打开 A 点头条，是一个微商自己发的软文报道，而从 B 点开始，媒体才开始关注微商。此时微商已经爆发了近一年时间，可见传统媒体对微商等新兴事物反应之慢，何况本图还是百度指数，收录的是互联网页面对微商的报道信息，可以想象纸媒对微商的反应还会更慢一拍。

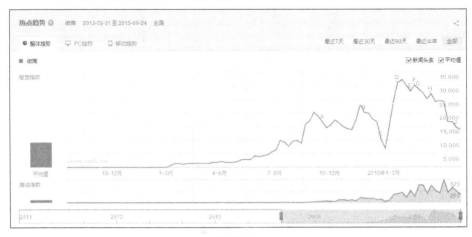

图 5-3

每一个群体，都需要有与之对应的媒体出口，既然传统媒体无法满足微商的需求，那么各种自媒体人自然纷纷横空出世，扮演领路人和导师的角色，逐渐演化成自媒体。

而传统媒体在微商爆发的过程中，充分暴露出传统媒体对新兴领域反应迟缓的弊病。所以自媒体的及时性和专业性，让新兴领域必然成为自媒体的乐园。

5.1.3　受众人群分化加剧

如果把全社会用户当作学生，把媒体比作老师，那么传统媒体面对全班水平参差不齐的几十个学生，只能采用中庸的传授方式，结果就是能照顾到大多数学生，好学生吃不饱，差学生又消化不了。而自媒体就像家教老师一样，针对用户问题可以对症下药。

所以简单来说，传统媒体为大众服务，自媒体为小众服务。

而自媒体的发展土壤就是移动互联网的高速普及，对于很多新鲜事物，哪怕人群中只有 1% 的小众用户，乘以 13 亿的基础，就有 1300 万目标群体，比全国公务员总数还多。只是这些小众用户，以前只能成为人群中的异类，而自媒体的到来，让小众用户找到了自己的代言人和新的学习与交流的渠道。

而根据《中国视听新媒体发展报告》和相关报道，电视开机率逐年下降，如图 5-4 所示。

年轻人越来越不爱看电视，说明传统媒体对新兴人群的影响力逐渐下降，爱看"手撕鬼子"电视剧的群体，其年龄层也是显而易见的。随着时间的推移，媒体的分化越来越明显，用户已经不再是之前的用户，而传统媒体还是之前的传统媒体。

搜狐传媒 > 广电资讯

电视开机率三年降四成 网上追剧明年或开始付费

正文　　我来说两句(3人参与)　　　　　　　　　　　　扫描到手机

2015-06-12 09:40:18 来源:四川在线-华西都市报 作者:任翔　　手机看新闻 | 保存到博客

原标题: 网上追剧 明年可能就要付费了

聚焦2015上海电视节

说了两天2016年荧屏电视、综艺节目的走向,眼看6月12日第21届上海电视节就将落幕,来说点让"低头族"们绝对关心的内容。在今年的上海电视节论坛上,视频网站传达出将逐步实行付费看剧的模式。这次"狼"是真的要来了,去年《北平无战事》原本就做成首部试水付费国产剧。据说,最快明年,付费国产剧有可能将首次出现在网络上。

开机率3年降4成视频网站抢用户

图 5-4

5.2　如何开始做自媒体

自媒体人人都可以做,但不是人人都能做好自媒体。

微信公众号、微商、微信自媒体这三种微信营销方式,从难度上划分,微信自媒体的难度无疑是最大的。微信公众号和微商只需要做好自己,而微信自媒体在做好自己的同时,更需要不断为读者输出价值。

在传播内容上,我们可以把自媒体分成三类。

1. 信息的中介

作为信息的中介,常规的新闻信息不足以满足读者,一般是业内传播各种小道消息和爆料为主,类似明星出轨娱乐八卦、苹果下一代产品资料等,都是从这个类型的自媒体曝光的。

2. 信息的解读者

作为信息的解读者，需要在该行业内有自己独特的领悟。

3. 信息的发源点

热点的发源地，"元芳你怎么看？""撕逼大战""土豪求包养"等热词通常是从一些知名自媒体发酵酝酿的。

因此，以下六条特质是自媒体的必修课。

5.2.1　第一条：专业基础过硬

自媒体，无论是哪个领域，需要过硬的专业基础和实践知识。

如果你化妆有心得，你可以用自媒体的形式教别人如何化妆。

如果你烧菜烧得好，你可以用自媒体的形式教别人如何烧菜。

如果你 PPT 做得好，你可以用自媒体的形式教别人如何制作 PPT。

如果你 PS 玩得好，你可以用自媒体的形式教别人如何设计。

如果你微商做得好，你可以用自媒体的形式教别人如何做微商。

做好自媒体最重要的条件是，你在该领域专业过硬，肚子里面有干货。自媒体存在的意义就是生产价值，在很多领域司空见惯的小问题，可能对普通用户就是难以逾越的大障碍。

对于新兴领域，其实很多人都是在摸索中前进，就像微信流行不过短短两三年，微商兴起也仅仅短短一年多时间，哪里有什么专业课程学习？无非都是微信营销的先行者自我总结经验的传播。

很多新领域的实践者，学到一招半式之后，往往还会敝帚自珍，害怕被别人偷学过去，其实传递专业知识本身就是一场价值的传播，收获的远远大于付出。

巧妇难为无米之炊，所以无论学到多少自媒体技巧，如果没有扎实的专业基础，所要做的自媒体都是空中楼阁。

5.2.2 第二条：文笔功底好

落难书生偶遇千金小姐几乎是古代小说里永恒的主题，例如《西厢记》，以及《聊斋志异》中的《画皮》等。很明显，因为当时的作者和读者大都是书生，需要有相应的精神读物满足自己，所以读者和作者往往通过这样的题材在书中满足自我。而现在的网络小说的主角，往往是学校里备受欺负的穷学生，又或者是不小心被霸道总裁看上的平民女孩，这些网络作品的作者和读者的群体属性也是显而易见的。所以读者有什么样的需求，就需要有相应的作者来满足。

电商、微商等新兴领域的从业人口如此庞大，自然需要有自己的群体代言人，这时候相关的自媒体人士，自然横空出世。

作为微信自媒体，光有干货还不足以创造价值，还需要有优秀的文笔来传播价值，从而产生价值。也有很多优秀的人才，因为文笔普通，无法有效地传播自我价值。

而提升自己的文笔，别无他法，唯有不断地学习总结与练习，去捕捉工作中的细节。只有实际干过相关工作，写出来的文章才会有真情实感，所以好文笔既要有实际工作经验，又要有足够的文字功底。

文字功底是无法速成的，不过自媒体人士完全可以通过不断练笔来提升自己的文采。例如 FGC 女性成长社区创办者马雨霖，在创办社区之前她就写过很多生活心得感悟，这也为她现在写出多篇热门文章打下了基础，如图5-5所示。

没有天生的作者，只有后天的不断练习。不过不用苛求完美，有 99%的人只会看文章，而只有1%的人会去写文章，从你下笔的那一刻起，你就已经击败了99%的用户。

图 5-5

5.2.3 第三条：学会传播自己

5.2.3.1 选择适合的文章发布渠道

且不谈微信微博，写博客是不是自媒体？在 QQ 空间发表文章是不是自媒体？在知乎写一个高赞的回答是不是自媒体？在天涯莲蓬鬼话写鬼怪文章是不是自媒体？在百度李毅吧直播自己的一天是不是自媒体？在人人网炒红一个相册是不是自媒体？在豆瓣上写一个影评是不是自媒体？

这些都是自媒体，只是发表的渠道不同，而选择发布渠道其实就是选择读者。

所以你需要知道博客、QQ 空间、人人网、天涯、百度贴吧、知乎这些地方究竟是哪些人在玩、在看、在用。可以说渠道不对，文章白费。一篇《读起来微微心疼的句子（看到哪一句你哭了）》发布在 QQ 空间，可能转发上万，发布在知乎可能恶评如潮加被折叠。

因此，自媒体要明确好自己的内容传播渠道，哪里是你的目标用户，你就要在哪里发出声音。这就需要锻炼自己的"网感"。

如果你的目标读者是中小学生，那么 QQ 空间是最佳的选择；如果你的目标读者是大学生，那么人人网、贴吧是最好的选择；如果你的目标读者已经工作，那么知乎、豆瓣、天涯也是不错的选择。

当然还有很多更小众更细分的用户聚集地，例如你是一个评车的自媒体，那么汽车之家等网站非去不可；如果你是一个股评的自媒体，那么或许应该在雪球财经和东方财富网的股吧中混个脸熟。

5.2.3.2 合理的自我优势展现

我们在前文公众号和微商中，都提到了头像、昵称、签名的设置。自媒体的设置也毫不例外。这些都是陌生用户对自媒体的第一印象，在心理学中，第一印象是人与人交往的重要起点，被称为首因效应。

首因效应是由美国心理学家洛钦斯首先提出的，也叫首次效应、优先效应或第一印象效应，指交往双方形成的第一次印象对今后交往关系的影响，也是"先入为主"带来的效果。虽然这些第一印象并非总是正确的，但却是最鲜明、最牢固的，并且决定着以后双方交往的进程。如果一个人在初次见面时给人留下了良好的印象，那么人们就愿意和他接近，彼此也能较快地取得相互了解，并会影响人们对他以后一系列行为和表现的解释。反之，对于一个初次见面就引起对方反感的人，即使由于各种原因难以避免与之接触，人们也会对之很冷淡，在极端的情况下，甚至会在心理上和实际行为中与之产生对抗状态。

尤其对自媒体而言，突出的是个人，因此自媒体更需要有百度百科、微博认证等第三方权威机构给自己贴上标签，而这些标签能够让用户迅速了解自媒体的大概情况。

我们看一下 FGC 创始人马雨霖的标签，如图 5-6 所示。

七月青雨

自由撰稿人

杨澜访谈录特约撰稿

文艺杂志专栏作者

关注领域：女性、财经、互联网

就读于北大，欢迎勾搭

女性成长社群FGC创办者
微博@七月青雨
微信：646712238

图 5-6

她是微博上的@七月青雨，90 后，文艺杂志《New Younger》专栏作者，《杨澜访谈录特别节目——人生相对论》特约撰稿人，被粉丝称为北大女神。很多情感博主并不与粉丝过多互动，而她为粉丝建立了封闭的强关系女性社交圈，垂直并持续维护。

其中"北大女神""特约撰稿人""专栏作者"等关键词标签格调非常高，足以让一般读者好奇和仰慕。

因此，自媒体一定为自己贴上合适的标签，标签就是让潜在读者以最短的时间成本识别你。

5.2.3.3　迅速在所在领域占领用户心智

一个消费者，在某个领域的记忆不会超过三个，一提起凉茶，大多数人只能想到两个，一提起可乐，大多数人也只能想到两个。

所以，一提起微信营销，你可能回想起几位老师，那是因为长期传播，这些老师占据了你对微信营销的认识。

自媒体的领域如此之大，并不是非要在互联网科技领域才能做好，很多领域都是空白的。

你知道几个传授美食做法的自媒体？

你知道几个传授育婴知识的自媒体？

你知道几个讲授汽车养护的自媒体？

你知道几个传授 PPT 技巧的自媒体？

你知道几个推荐淘宝新奇产品的自媒体？

你知道几个排解心理问题的自媒体？

......

其实大部分人都不知道，而以上每一个知识领域，又和我们自身的生活息息相关，并且存在大量的需求没有得到满足。

每一个没有满足的用户需求，对自媒体来说就是一次抢占用户心智的机会，此时专业技能反而下降到第二位，而在这个时间窗口期抢占用户心智成为该领域自媒体的首要工作。

抢占用户在该领域心智的最好方法，就是给自己贴上"××领域第一人"的标签，我们用百度搜索关键词"自媒体第一人"，结果如图 5-7 所示。

尽管被称为"第一人"的有好几个人，但是他们在各自的圈子里占领了顾客心智。那么餐饮自媒体第一人是谁？汽车选购自媒体第一人是谁？PPT 知识学习第一人是谁？物流行业自媒体第一人是谁？如果你不知道，说明这些领域充满机会！努力地把自己和这个行业挂钩，在大众心中成为这个行业的代言人，这样就会事半功倍。

爱是非 亳州市网络自媒体第一人

爱生活 爱文字 爱分享。我是爱是非 每天一篇原创日记,写生活 写周边,写人物。我在不断开发
自己的潜能,也不断在发觉他人的价值。文字改变生活 分享汇聚快乐。【任性篇】
www.ishifei.com 2015-06-29 - 快照

自由人 互联网的自由,自媒体第一人程苓峰现身说法!

自由人互联网的自由 自媒体第一人程苓峰现身说法! 作者 程苓峰 分类 传媒 简介: 自由无价。
而现在 互联网给我们带来了真正的自由。淘宝给了谁自由?由大学生、家庭主妇、城...
www.360doc.com/cont...73.shtml 2014-04-07 - 快照 - v

中国电商自媒体第一人龚文祥,如何写好专业类电商微博? - 站长之家

2015年2月27日 - 第一个树立的心态就是微博粉丝不是粉丝 是围观者。
就是不要太在意粉丝,过于迎合,写微博要做自己。只有韩国明星粉丝才
是真正粉丝,专业微博都是
www.chinaz.com/manag...2015-02-27 - 快照 - v 站长之家

作为中文互联网圈受之无愧的自媒体第一人,keso为什么不开微信公...

Fenng 的微信公众号「小道消息」如何实现短期内用户规模猛增至三万人?其他(自)媒体微信
公共账号有哪些可以学习的经验?30 个回答 微信为什么要做公众平台 走媒体化路线
www.zhihu.com/q...20611732 2012-11-21 - 快照 - 知乎

李白才是中国自媒体创业第一人!-互联网分析沙龙

自媒体却在某种程度上消失了。譬如现代社会上的作家、画家、音乐家。
单从其作品看起来,也似乎就是他们的自媒体。其实不然,自媒体、自媒
体,顾名...
www.techxue.com 2015-05-29 - 快照

图 5-7

5.2.3.4 利用微信把粉丝弱关系变成强关系

对于自媒体来说,像贴吧、豆瓣等个性鲜明的网络渠道有一个共同的缺点,就是用户关注程度有限,因为用户无法全天在这些渠道停留,毕竟一天 24 小时刷贴吧、刷豆瓣的用户很少,因此导致自媒体文章的作者和该渠道读者的关系比较脆弱。仅仅在渠道网站内通过加好友或加关注等方式保持联系的情况下,自媒体无法与读者做到强关系连接。

也正因为如此,微信的平台性和包容性的好处尤为凸显,在人人都有微信的时代,无论豆瓣用户还是贴吧用户,都会有自己的微信号,所以,尽量把读者往自己的微信个人号导入。

之所以不用微信公众号,因为用户是追随自媒体个人而切换到微信平台的,微信公众号的官方感和正式感很强,相对个人号来说比较生硬,所以此时不建议用微信公众号来导入粉丝。

总的来说，整个流程就是在目标用户常去的网站通过文章等形式吸引目标用户，再把用户吸引到个人微信，形成与粉丝的强关系连接。

当其他渠道的读者粉丝都逐渐吸引到微信个人号之后，自媒体人士的最新文章就能以最大效率传播向读者，微信的实时性也可拉近读者与自媒体之间沟通的距离，毕竟在知乎、在天涯、在豆瓣发评论和私信的回复时效性比较差，自然读者的用户体验也比较差。

近距离的沟通，无疑能有效提高用户体验。通过微信平台上再进行二次传播，可以让自媒体获得更多的曝光率。自媒体人士把粉丝集中在微信互动，能迅速提升沟通效果，也让自媒体更有真实感。而真实感可以给读者带来更多的信任感和感性的认知。

知识的传递是理性的，而自媒体与读者之间的互动是感性的。对于大多数人来说，感性认知的影响力要远远超过理性认知。这也是很多自媒体人写得很专业，但是在社交互动方面表现平平，因此始终红不起的原因，毕竟曲高和寡，高处不胜寒。

5.2.3.5 话题性

有话题性的自媒体传播速度惊人。

反差越大的事情就越有话题性。而话题就是标签的碰撞！一个人身上的两个标签差异越大，话题性就越强。

90 后女大学生毕业卖性用品，是不是很有话题性？于是马佳佳红了。因为"90 后"和"女大学生"的标签，碰撞了"卖性用品"的标签，甚至在某些场合成为"90 后"的代言人。

北大毕业卖猪肉就是话题，中专生毕业卖猪肉就没有话题性。60 后向 90 后求婚成功就是话题（图 5-8）。

图 5-8

而 90 后求婚，可能被警察带走才叫话题（图 5-9）。

图 5-9

有话题也要上，没有话题创造话题也要上。自媒体能否找到适合自己的话题性，或者在某个热点中跳出来，争议越大，知名度传播得越广。

5.3 自媒体的致命点

5.3.1 江郎才尽

自媒体们最大的致命点就是能否有高质量的内容持续输出，首先要保证文章的高质量，其次要保证文章能够持续输出。

很多网络小说开头质量非常高，深受读者追捧，可往往写着写着就越来越水，直到写到作者都难以为继，留下一个又一个大坑。其实并不是作者江郎才尽，而是作者被读者的期待架空，疲于奔命地凑字数。这种现象很多自媒体也出现过，为了写而写，结果几篇很水的文章面世之后，读者就越来越少。读者越少作者就越着急，不断抛出新的文章，结果形成了恶性循环，最后自媒体就不了了之。

为了保证文章的高质量，可写可不写的文章要写，而可发可不发的内容不发。写是为了锻炼手感，发布就需要对文章的质量负责。

有价值的文章就是有质量的文章，文章的价值不限于传道授业解惑，也可以传情排忧解闷，抑或者二者兼顾。例如微博名人@花总丢了金箍棒，在微博上的每篇讲述各种深度"装清高"的文章，兼顾知识性与趣味性，终成大 V。

还有一种方法能保证内容源源不断就是利用粉丝的力量，常见于情感问答类自媒体。类似 UGC 的形式，传播的文章内容可以是粉丝的投稿，也可以是自媒体与粉丝的互动及点评，典型的代表有连岳的《我爱问连岳》专栏。

5.3.2 枪手一时爽

稍微有一点名气的自媒体，就会有广告公司或者中介上来询价。朋友圈转发一篇公关稿起步价就是 800 元，这还是让不少自媒体心动的，毕竟自媒体纯粹靠文章的收入并不多。而在险恶的互联网江湖大战中，网上各种站队满天飞，今天是打车软件互相抹黑，明天可能是外卖 APP 互相抹黑，与之对应的各种舆论反转也是非常之快，所以接广告需要慎之又慎，稍有不慎就有被打脸的风险。

自媒体有自己的倾向性并没有错，甚至一定的倾向性更能满足自己所属的特定人群读者的口味。自媒体植入广告也没有错，关键是能否植入得润物细无声。而很多大公司的公关稿极其无脑，让代理公司弄一堆很水的公关稿到处发，纯粹为了应付了事。

自媒体的底线至少是不替骗子站台，不发虚假广告，不当枪手。为了蝇头小利而饮鸩止渴，完全得不偿失，除非你是收集恶俗广告的自媒体，这个类型目前好像还是空白。

5.4　自媒体的赢利点

能挣钱的自媒体才是有价值的自媒体，收入是对自媒体价值最好的承认。

市面上主流的自媒体赢利方式有以下三种。

5.4.1　微信内部收入渠道

广告收入仍然是大部分自媒体的主要收入来源，有些自媒体是公众号，自然可以开通公众号流量主功能，通过微信平台接广告获得收入。

还有些自媒体通过微信原创保护功能邀请，获得微信赞赏功能。

赞赏功能依附着原创保护功能出现，微信不仅要保护原创者的版权利益，还用收入来正向刺激原创自媒体。

"赞赏" 功能放在了图文消息的末尾位置，如图 5-10 所示。

进入赞赏页面后，如图 5-11 所示，单个人的赞赏金额在 1～200 元之间，自媒体可以自行设置具体金额，不过必须是整数金额。每篇文章的赞赏收入不能超过 5 万元。

图 5-10　　　　　　　　　　　　　图 5-11

"赞赏"这一功能极大地鼓舞了自媒体，毕竟可以不再仅靠广告来获取收入，也鼓励了自媒体能够多产出原创内容。

5.4.2　微信外部广告收入渠道

除了通过微信平台获得收入之外，自媒体也可以自行接广告发布，并从中获取收益。目前市场上有很多微信广告平台。只要有粉丝有阅读量，都可以加入广告平台，由平台代理广告事宜，如图 5-12 所示。

图 5-12

5.4.3　会费收入

　　自媒体招募会员收取会费是被罗辑思维自嘲为"最无理"的收费，而在罗辑思维 2013 年第一期会员招募中（图 5-13），5500 个会员名额只用半天就售罄了，直接收入了 160 万元会员费。

图 5-13

罗辑思维第一期会员提供以下服务。

普通会员【会员权益】

你一定想知道成为会员有啥好处，我们现在能提供的是：

1. 一个专属会员号码和一份神秘礼物，以后自有妙用；

2. 优先参与罗辑思维线下各种奇思妙想的活动；

3. 我们以罗辑思维朋友圈的名义，理直气壮地去找各种商家占便宜。

【会费方案】

罗辑思维发起会员标准费用为 200 元/年，首批独享两年服务。

【活动时间】

成为发起会员的时间窗：8 月 9 日—8 月 13 日。我们只在这几天开放购买哈，期间如果售完活动就截止了哦，抓紧时间行动吧，罗胖等着你的爱。

铁杆会员

【会费方案】

罗辑思维铁杆会费用为 1200 元/年，首批会员独享两年服务。

【会员权益】

1. 每月罗胖送上一本亲选好书；

2. 罗胖的成长第一时间和你分享，也许一篇好文，一本好书，一部电影……

3. 优先参与罗辑思维的线下活动，享有专属席位；

4. 铁杆会员间的圈子聚会，罗胖和申音愿意深度参与。

2013 年 12 月，罗辑思维又开始招募第二批会员，如图 5-14 所示。

现在，我们开始诚求第二批会员，报名时间12月27日00:00至12月27日23:59。

亲情会员200元，铁杆会员1200元。

钱数或许不多，但需要你做一个思量。

还是那句话："爱，就供养；不爱，就观望"。

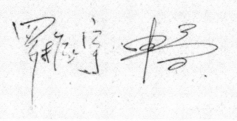

图 5-14

第二批罗辑思维会员价格仍然是亲情会员 200 元，铁杆会员 1200 元。与第一次会员招募不同的是，这一次会员招募仅限微信支付，如图 5-15 所示。

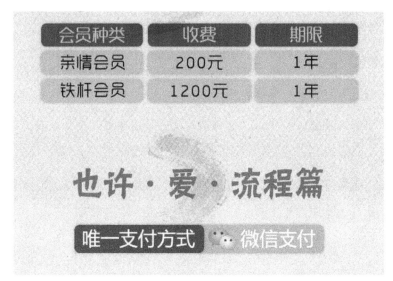

会员种类	收费	期限
亲情会员	200元	1年
铁杆会员	1200元	1年

也许·爱·流程篇

唯一支付方式　微信支付

图 5-15

据报道，罗辑思维的第二次会员招募，在 24 小时内收入达 800 万元。

在了解了自媒体第一人罗辑思维是如何收取会费之后，我们来看一下最近爆红的由马雨霖（微博名：七月青雨）创办的 FGC 粉丝社区。

七月青雨自我介绍

1. 女性情感咨询

她了解市面上每个情感专家的门派套路，和她聊一聊你的情感故事，她会指出你个人存在的问题，帮你同步提升内在与外在价值。

2. 北大考研经验

她在 10 月份换了考研专业方向，可以说是通过两个月复习考上了北大。

3. 求职经验

她从未通过传统方式投简历找过工作。及早建立个人品牌是有必要的，做一只飞舞的蝴蝶，让工作来捕捉你，而不是你去"求"职。她说，这需要实力+利他主义思维，她会教你学习思考 Advantage【你有多牛逼】和 Benefit【你的牛逼关我啥事】之间的区别，用利他的思维方式解决问题、增强沟通谈判技能。

4. 自我觉醒的 7 次追问

她自己设计了 7 个问题，帮助没能发觉自己人生目的和生命激情所在的小伙伴进行自我挖掘。通过对这 7 个问题的反复追问，你会更了解自己。而自己，就是这世界上唯一你需要了解的事物，因为外面根本没有别人，只有你自己。

5. 美国经历交流

美国的那一年经历是打开她生命的大门的第一步。

6. 女性成长专题分享

关于女性如何进行自我提升，她有一整套理论体系，教你如何内外兼修、提升自我——A.外貌：护肤、瘦身、服装、化妆；B.内在：性格、学识、智慧、情商；C.社交层次：长期稳定的社交圈。

FGC 粉丝社区组织费用

1. 入群费用 268 元/位，每位会员每月的管理费用 18 元。

2. 首批会员作为铁杆粉丝，终身免入群费；第二批有众筹支持，免入群费。

3. 第三批会员 168 元，学生出示学生证件可以免费。第四期开始恢复原价。

4. 每月的管理费通过以下方法可以免除：

会员在群里有内容的分享，其他会员觉得内容好就会发送给他玫瑰花表情，集齐18个不同人送的玫瑰花可以免管理费（其实这个方式完全是在鼓励分享、增强活跃度）。另外每月会有转发5次某微博+某链接的"游戏任务"来免管理费。

FGC 社群有几大活动场地

1. 微信群：主战场。从第一期会员就是在群里听青雨用60秒语音讲课的，随意，平等互动，而且还方便补课。

2. QQ群：资料分享地。

3. 微博：她早期粉丝都是微博积累起来的。

4. 微信公众号：整理 FGC 直播精华、理论内容推送。

5. 喜马拉雅：每次微信直播课程后都会重新录好音传上去，还会配上音乐。

6. 红点：建立起1000人社区以后，课程直播就在红点进行。

7. 约会：2015年7月15日在北京国家图书馆进行第一次线下活动。

FGC 的特别之处

创办者七月青雨会在社群内在线分享和咨询，不定期在线公开课，群聊精华内容整理发布，其他见第一部分活动阵地。

这是一个有文化和活跃度、最少无效信息的社群。为保证社群活跃度和发言营养度，小仙女可以自发做知识或经验分享（从微博或朋友圈他人处转载也必须经过自己的消化，来分享理解和心得），并得到其他会员@你名字的玫瑰花表情合计至少18朵(发送人不可重复)。这样就可以免月管理费18元，每月底凭18朵截图发给小助手，直接冲抵月社群管理费。通过这个方式，FGC成为了一个走心的、与众不同的社群。

从以上内容中，我们可以看到 FGC 社区是一个聚焦女性分享的互助性社区，社区创办人七月青雨提供自我价值分享，并鼓励会员分享（优秀分享可以免会员费）。

据作者了解，七月青雨每月会员人数增长迅速，每月收取的会员费在五位数。

5.4.4   资源对接服务收入

当自媒体在各自领域开始有起色的时候，马太效应就会逐渐显现，更多的行业资源和社会资源就会向自媒体倾斜。此时自媒体作为信息中心，可以更好地发挥资源对接的服务，可以为行业合作进行穿针引线，而从中获取的收益，可能远远大于上述几条收益。

5.5   本章总结

就像人人都可以成为父母，但不是每个人都是好父母一样，人人都可以是自媒体，但不是每个人都能做好自媒体。

如果微商是销售产品的，那么自媒体就是销售自己的人格魅力，为消费者提供精神产品。

第6章
微信线上推广

酒香也怕巷子深！

正如没有人有义务穿越平庸的外表看到你有才华的内心，也没有读者有义务历经千辛万苦才找到你的微信号。

如何尽快推广微信账号？如何尽快形成领先优势？这一点是我们在运营战略层面需要思考的。在战术层面上，我们需要不断尝试各种推广方法，努力找到性价比最高、最合适的推广方式。

不过巧妇难为无米之炊，一切推广的基础都建立在优质微信内容之上，微信运营者在推广中耗费大量时间与金钱换来的用户，如果没有好的微信内容留住用户，一切推广的努力就会成为白费。

与传统的"寻找"粉丝不同，互联网时代更多的是"吸引"粉丝。靠人云亦云、靠抄袭转载的微信账号很难长久发展，而个性十足，哪怕类似凤姐这种类型，也会有对胃口的粉丝。

互联网之大，甚至远远超出了很多互联网从业者的想象。白手套、黑手套、红手套都在互联网世界拥有各自的一席之地。我们所熟知的推广方式，往往才只是冰山一角。

6.1 开始推广之前要搞明白的两个问题

6.1.1 推广该不该花钱

推广到底花钱还是不花钱？这原本并不是一个问题。

只是网络上流传着太多的白手起家的"现代神话故事"，干扰了很多刚踏进微信营销之路的小伙伴的判断。就像很多传统企业模仿小米，仅仅发现原来口碑营销不用像投硬广那样砸钱，于是设置了口碑营销的硬性KPI，结果往往画虎不成反类猫。

一切营销活动都为结果负责。对于很多草根创业者和微信营销新手来说，在能省的地方是尽量省的，能不花钱做推广就不花钱来做。在很多互联网场景下，确实有很多方式可以免费进行推广，我们也会在下面的章节中详细阐述。

不过，采用免费的方式去推广往往意味着低效率和耗费较高的时间成本，而互联网产品的窗口期往往就那么一两年甚至几个月（可以回想一下团购网站千团大战的惨烈烧钱场景）。砸钱推广就意味着用户量迅速上升，从某种意义上来说，砸多少钱就能带来多少用户，此时只需考虑砸钱的转换效果如何。而砸钱换来的客户能不能留得住，那就又是考验基本功的另外一回事。

所以微信营销推广就像谈恋爱一样，营销者就是追求者，用户就是姑娘。你可以选择"早请示晚汇报嘘寒问暖代占座"这种免费推广方式，慢悠悠地和姑娘套近乎，渐渐让姑娘对你产生信任感，继而发生更美好的事情；也可以选择"上来就砸钱"，用跑车接送加演唱会头排座位再来一个欧洲十五日游这种土豪式砸钱方式拉关系，迅速搞晕姑娘。这两种自我表现的推广方式都没错，其实就是要么你用钱来买时间，要么你用时间来省钱，关键是选择哪一种对你的微信账号性价比最高。

因此，微信公众账号的推广不必纠结于花钱推广还是不花钱推广，只要能达到效果，花钱就是买时间，自己费尽心思折腾十天才做到的效果，可能花钱请专业团队 1 个小时就做到了。

就像很多人赞叹小米刚刚崛起的时候几乎没有硬广的投入，仅仅通过口碑式传播就带来了巨大回报。这种玩法也让很多传统企业惊呆了，但他们迷恋的却不是小米的口碑传播，而是看到小米没有花广告费就取得了如此大的知名度。可当传统企业也尝试口碑营销的时候，发现根本做不起来。再后来当小米发展到一定阶段之后，小米又开始在大众传媒做硬广告了。

所以会花钱推广真是一种能力！会花钱的微信运营者也不会缺钱花！

任何推广手段的目的只有一个，就是不断积累用户、积累粉丝，提升账号的影响力。判断推广方式优劣的唯一标准就是效果。

当然，大部分草根运营者手里一分钱恨不得掰成两半花，因此免费推广有免费的玩法，砸钱推广有砸钱的玩法。

6.1.2　迅速找到种子用户

在进行推广之前，我们需要迅速找到种子用户。

对于一个全新的微信公众账号，第一个用户必定是该账号的运营者，第二个用户最好是公司的老板（公司类型公众号）。然后以整个部门整个公司类推，前 100 人最好都是你认识的人。

对于一个全新的微商号，首批客户一定是你朋友圈中适合这个产品的朋友。

对于一个全新的自媒体号，首批客户一定是让你决心转型做自媒体的铁杆粉丝。

做营销并不是丢人的事情，做微信公众号营销、做微商也毫不丢人。种子用户完全可以是你的亲朋好友，你只要大胆地向他们开口求关注。

不过此时有个细节需要注意：微信群发求关注会让你显得毫无诚意，转换率也比较低。我们可以简单地把每段求关注的语言加上对方的姓名。

例如常见的求关注语言"请关注×××账号，为您介绍最新的×××资讯，加微信公众号×××××"，这种语言生硬且冷，很容易当作广告内容被忽略。我们可以改成 "叶美美，我是孙帅帅，我现在做一个关于××的账号，刚刚开始做，看在我们多年友谊的情面上，关注一下啦，账号是×××××，么么哒~"，然后送上 5 毛钱的红包，所谓"吃人家的嘴短，拿人家的手软"，这种情况下种子用户数量自然就上去了。

富有诚意的沟通，可能多年没有话题的女神就此与你聊上了。而我们只需要老老实实地把沟通内容的抬头名字换掉，没有客户名字的群发就是一种偷懒！不要担心骚扰到你的朋友，他们大部分还是真心希望你能干出一点名堂出来的。所以不要害羞，果断地把求关注的信息推送出去。不过在推送之前，最好已经发布出几篇拿手的内容。

我们获得的种子用户，在很大意义上是为了鼓励运营者自己。所有微信公众账号、微商账号、微信自媒体账号在起步期，都面对个位数的阅读量，面对两位数的粉丝，运营者非常容易感到寂寞孤独冷。而来自熟人的良好的互动，至少不会让你感到你做的事情毫无意义，这一点非常重要！这也是逆向用户体验，这里的用户就是运营者自己！

如果运营专业性较强的微信公众账号，身边朋友是种子用户的不多，这个时候，需要到各钟目标用户扎堆的地方去"偷人"。各种专业论坛是"偷人"最好的方式。

6.2 网络常见推广方式

粉丝！粉丝！粉丝！

无论微信公众号、微商还是微信自媒体，粉丝的重要性是不言而喻的。基于微信号的命名规则，用户无法区分所见到的微信号是微信公众号还是微商个人号，所以以下所有推广方式，对于公众号、微商和微信自媒体都可以通用。

6.2.1 腾讯内部推广方式

6.2.1.1 广点通推广

微信官方推荐的推广方式是广点通，广点通是基于腾讯大社交网络体系的效果广告平台。通过广点通，广告主可以在 QQ 空间、QQ 客户端、手机 QQ 空间、手机 QQ、微信、QQ 音乐客户端、腾讯新闻客户端等诸多平台投放广告，进行产品推广。在第 2 章中，我们介绍了微信广告主功能，微信公众账号认证之后，可以开通广告主功能，选择通过广点通进行推广。一般来说，求关注的微信账号投放在微信内部的转换率是最高的。

求关注广告出现在开通流量主功能的微信公众号发布的内容底栏，如图 6-1 所示。

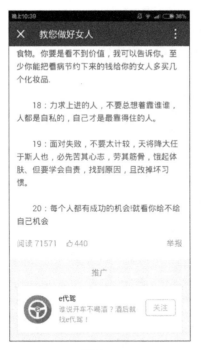

图 6-1

用户点击"关注"后，弹出对话框，如图 6-2 所示。当用户确认关注后，微信广告主花钱得到了一个新粉丝，微信流量主得到一笔收入。

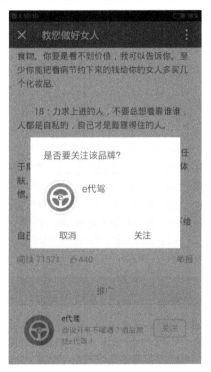

图 6-2

在 2014 年下半年的微信粉丝红利期，投放广点通性价比极高，几毛钱就能带来一个点击，相比其他推广方式非常划算，很多大号通过在广点通砸钱，迅速积累了大量粉丝。进入 2015 年后，广点通带来的粉丝红利期慢慢消退。

除了广点通这种砸钱买粉丝的方式之外，基本上微信内所有账号互推加粉的方式都被视为违规。腾讯逐步发布两个公告《微信公众平台关于整顿诱导分享及诱导关注行为的公告》《微信公众平台关于整顿违规互推行为的公告》打击互推和诱导关注的行为。

微信公众平台关于整顿诱导分享及诱导关注行为的公告

近期，朋友圈出现部分商家通过外链进行诱导分享、诱导关注的行为，主要如下。

1.诱导分享：发送谣言、色情、测试类、答题类等内容诱导用户分享至朋友圈，分享后用户才可见到答案或内容。

2.诱导关注：发送谣言、色情、测试类、答题类等内容诱导用户关注公众号，关注后用户才可见到答案或内容。

此行为违反了公众平台规则，严重骚扰用户，破坏了朋友圈的体验。即日起，一旦发现此类案例，对相关公众号做以下处理：

违规次数	第一次	第二次
处罚措施	封号30天 拦截链接 删除诱导增加的粉丝 关闭流量主	永久封号

同时，平台有权根据违规程度做相对应的处罚措施调整，不仅限于上述措施。

违规示例：

1. 诱导分享

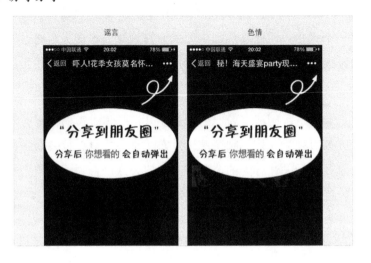

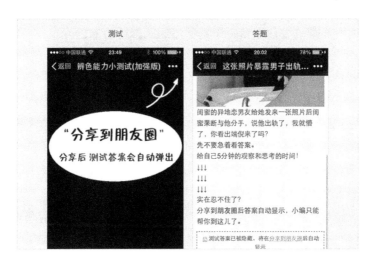

2. 诱导关注

微信团队

2014 年 12 月 30 日

微信公众平台关于整顿违规互推行为的公告

近期发现有公众账号通过"阅读原文"进行违规互推的行为,主要形式如下。

1. 公众号文章内容对另一公众号引导关注,并通过"阅读原文"跳转到另一个公众号文章进行引导关注。

示例:左图文章通过"阅读原文"引至右边引导关注页面。

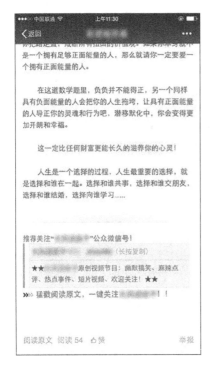

2. 公众号通过文章的"阅读原文"跳转到外链对批量公众号引导关注。

示例:左图文章通过"阅读原文"引至右边引导关注页面。

　　微信公众平台一直鼓励公众号通过运营自身优质内容来获得粉丝，大量的互推行为也对粉丝造成了骚扰。因此，依照《微信公众平台运营规范》，将对违规互推行为进行整顿：

　　从公告即日起，请涉及此违规行为的公众号自行进行整改，从5月5日起，发现仍有账号存在违规互推行为，将对违规公众号进行阶梯性封号处理。

　　阶梯性封号如下图所示。

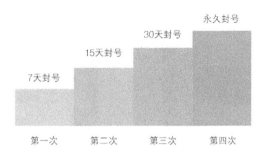

微信团队

2015年04月29日

虽然上述的违规诱导加粉方式降低了微信用户体验，但是在这两份公告发布之前的监管空白期，还是让很多微信大号通过这些方式积累了大量粉丝，这也是2014年下半年之前被称为微信粉丝红利期另一个原因。

时至今日，仍然有很多微信公众号采用以上方式进行诱导关注，只是手段更隐秘，而有些通过非常规技术手段制作的强制分享的第三方跳转页面中，甚至连用户举报按钮都是伪造的。

6.2.1.2 通过个人号转发公众号名片推荐方式进行推广

相对微信对公告号的严格管理，微信对个人号的管理要宽松很多，因此可以利用个人号转发公众号名片求关注。

很多人都有这样的经历，被一个不太熟的朋友莫名其妙地拉进一个群（图6-3、图6-4），很快这个群就被各种广告覆盖，出现各种各样稀奇古怪的东西。当然，微信公众号运营者也可以利用这种方式进行推广。

图6-3

图6-4

操作流程如下：

（1）不断添加陌生粉丝。

（2）将粉丝添加到微信群。

（3）在群内持续发送微信公众号名片，诱导群内用户关注。

GAME（游戏）、GIRL（女孩）、GAMBLE（赌博）、3G 原理赤裸裸地显示出人性的弱点，利用人性的弱点，通过微信名片中的图片和文字诱导用户关注。

6.2.1.3　利用微信摇一摇进行推广

摇一摇功能是微信的常用陌生沟通功能，利用微信个人小号摇一摇，不断加陌生用户为好友。加为好友之后再用名片推荐公众号，或者利用个人号朋友圈转发公众号内容，达到吸引用户的目的。

或者直接在个人号摇一摇打招呼中推广微信号公众，如图 6-5 所示。

图 6-5

据测算，每个个人用户摇一摇每天上限频次为 50 次，这意味着个人账号每天能摇 50 下。有些微信公众号为了达到通过摇一摇进行推广的目的，通过购买或设计特殊软件，批量进行摇一摇功能。微信官方也不断打击该类推广方式，一经查实，将会对个人微信号进行封号等处罚措施。

6.2.1.4 利用漂流瓶进行推广

漂流瓶类似摇一摇功能，可以扔出漂流瓶，也可以捡漂流瓶。无论哪种方式，都可以通过漂流瓶进行微信账号的沟通和推荐，如图 6-6 所示。而且，漂流瓶推广信息打开率高，沟通性最强。

图 6-6

漂流瓶每天有 20 个捡瓶子和捞瓶子的限制。当然这种推广方式也是背离微信用户体验的，容易导致个人号被封禁。

6.2.1.5 利用"附近的人"功能进行推广

基于地理位置查找附近的人是微信的一个非常实用的功能。而很多微信公众号利用"附近的人"功能进行营销，通过各种外挂软件修改地理位置，达到定位目标人群的目的。如图 6-7 所示即为微信定位软件。

图 6-7

可以想象，金融类公众号，通过微信定位到上海陆家嘴，定位到公司白领和企业老总集中的写字楼，推广信息能直接到达目标人群。女性类公众号，定位在购物中心，能直接到达目标女性用户。

在取得目标定位之后，通过微信个人号可以使用打招呼、摇一摇等方式与目标用户沟通。

当然，此类外挂性质的软件也会遭到微信官方的封禁，希望各位运营者量力而行。

从实际推广效果来看，通过微信内部各个沟通渠道推广得到的转换率是最高的，整个沟通环节都是闭环，这也是很多微信公众号运营者必备的推广常识。

6.2.1.6 利用 QQ 群进行推广

利用 QQ 群进行推广是一个非常"古老"的推广方式。早在微信推广之前，就有很多网络内容通过 QQ 群进行推广。只是到了移动互联网时代，微信推广的价值会更高一些，自然很多人又开始利用 QQ 群进行推广。

方法还是很简单，首先还是注册或者购买一些 QQ 号，然后努力加入到目标人群的 QQ 群之中。根据微信的限制，每个 QQ 号每天申请加群的数量是 20 个，在 QQ 群里一对一发给陌生人的消息有 50 条，能加 50 个好友。超过这个数量，操作后对方是看不到的。基于数量上的限制，所以做 QQ 营销的运营者手上需要有大量的 QQ 号，而且 QQ 号等级越高，通过群审核的几率也就越高。

我们可以通过关键词来选择我们的目标 QQ 群，如图 6-8 所示。

图 6-8

找到目标 QQ 群后，需要能够打动人的申请入群语言，同时该 QQ 的头像、签名、登记、Q 龄等，都需要像一个"正常"的用户，才能提高群管理员审核的通过率。

大部分 QQ 群需要加群验证，一个好的进群理由，能够显著提高进群

率（如图 6-9 所示）。例如一个二手房地产相关 QQ 群，你的进群理由是"想
买二手房"，一个发微信广告接单的 QQ 群，你的进群验证理由是"公司
有广告要发布"，那么就会非常容易被审核通过。而且，除了群管理员之
外，群内其他用户不会知道你是以什么理由加入进来的。

图 6-9

如果一进群就群发广告，多次被举报后，那么这个 QQ 就很难再加进
群了，管理员收到申请信息时，系统自动显示的都是默认拒绝，如图 6-10
所示。

图 6-10

顺利进群之后，可以开始一对一的单独推广沟通，记住不要找管理员
沟通，那样很容易被踢。单独沟通时，粗暴的广告很难吸引用户注意，我
们可以使用诱导式沟通，例如"你好，现有×××全套资料打包 20M，你

加微信 cctvnow 回复 888 可以直接下载哦"。这种方式对应各种行业性的 QQ 群，只需简单整理出市场公开的行业资料，就能吸引大批潜在客户加微信。

当然，我们也可以建立微信号自己的 QQ 群，作为与微信粉丝互动的补充的沟通工具。这样也可以分散风险，不把鸡蛋都放进一个篮子。

6.2.1.7　利用 QQ 空间进行推广

对于一个熟悉互联网的运营者来说，都知道 QQ 空间的重度使用人群是青少年，因此，目标用户是青少年的微信公众号，可以利用 QQ 空间进行推广。

从微信与 QQ（包括手机 QQ）的使用人群差异来看，QQ 在低年龄人群段覆盖面要比微信更广。

如图 6-11 所示，QQ 空间一般通过日志或照片的形式吸粉。对社会经验不足的低年龄段用户来说，娱乐明星的号召力极大，可以通过"加明星 QQ"的方式集聚粉丝。

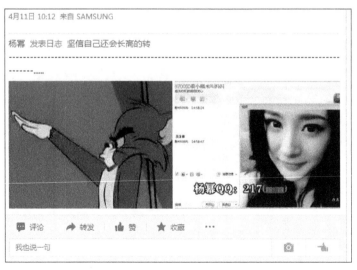

图 6-11

常见的方式就是通过 QQ 空间加好友，再把好友导入微信公众号或者微信个人号之中。

6.2.2 利用新浪微博进行推广

新浪微博是微信崛起之前最具有人气的社交应用，时至今日，仍然有海量用户活跃在新浪微博上。随着微信的逐渐流行，新浪微博的增长势头逐渐放缓，甚至很多微博达人和大号将粉丝导向自己的个人微信号或微信公众号。

为此新浪微博也开始对微信推广进行封禁，如图 6-12 所示。2014 年 11 月 25 日，认证身份为微博用户运营的员工发布微博称，禁止利用微博账号推广微信公众账号，"明天中午 12 点前如果账号没有清除掉公众账号的推广（包括背景图、粉丝服务后台、微博正文引导等），将面临禁言和封号的可能。欢迎相互举报。"而后"新浪第一互动"等官方微博对该消息进行了转发。

图 6-12

当然，上有政策，下有对策。在新浪微博仍然有很多方式可以推广微信公众号或个人号。我们可以通过图片水印、微博评论、私信等方式将微信号推广给目标用户，如图 6-14 所示。

图 6-13

相对微信的私密性，新浪微博具有公众性。在开通微信公众号的同时，建议也开通一个同名的新浪微博，至少能够防止名称被恶意抢注而带来不必要的麻烦。

6.2.3 利用百度贴吧推广

百度贴吧上线于 2003 年，发展至今已经是全球最大的中文交流社区，有超过 800 万各类贴吧。百度贴吧也是很多互联网亚文化的发源地，例如"屌丝""高富帅""查水表"等网络词汇，均是发源于百度贴。

对比其他推广方式，百度贴吧这种天然以话题为导向的网络社区，能更好地锁定我们的目标客户。因此在百度贴吧刷帖、发私信等是常见的推广方式。

6.2.3.1 贴吧推广要点一：合理设置百度贴吧账号

刚注册的小号被删帖的几率非常高，我们可以去淘宝购买吧龄高的号码。现在，淘宝已经将"百度贴吧"四个字设为敏感词，无法直接搜索出结果。不过我们直接搜索关键词"贴吧号"就可以看到很多卖家，如图 6-14 所示。当然，我们也可以自己注册百度贴吧账号，通过日常工作，把该类小号逐渐养大。

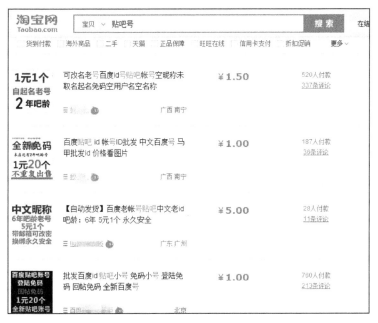

图 6-14

在百度对网络推广越来越严格限制的情况下，我们可以通过注册名达到推广目的，例如注册贴吧账号名称为"微信营销教科书真不错"这个名字，哪怕从来不发营销信息，只是不断地跟帖或评论等，账号名"微信营销教科书真不错"这几个字都会展现在目标用户的屏幕上，达到了我们推广的目的。同时，合理设置账号的个性头像，也可以获得更多展现机会，如图 6-15 所示。当然，这个方法也普遍适用于各种网络推广之中。

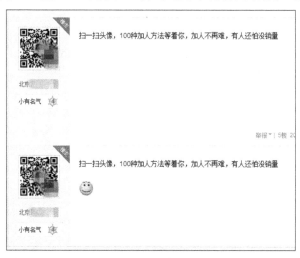

图 6-15

在拥有合适数量的贴吧账号之后，我们就可以在目标贴吧进行发帖，或者发私信推广（如图 6-16 所示）。某些贴吧对发帖账号有一定要求，需要达到在该贴吧相应的级别才可以发帖，此时我们需要通过签到来提高经验。

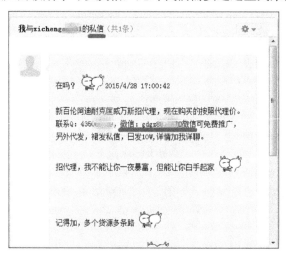

图 6-16

6.2.3.2 贴吧推广要点二：发帖技巧

图 6-17 是百度"微信吧"某时段的截图。

图 6-17

从图 6-21 我们可以总结出发帖的一些技巧。

首先，百度贴吧会员发帖时，标题和作者都会标红显示，非常抢眼，因此为几个大号开通百度贴吧会员是有必要的。

第二，每篇内容都会在预览页面显示配图，我们看到图中内容均用了美女配图，也非常抢眼球。

第三，我们看到第三条的作者显示的名称直接是微信号，为了避免被屏蔽，直接用了微信的"微"字开头。

6.2.3.3 贴吧推广要点三：紧跟热帖

在贴吧，每一个人气旺的帖子都是可以利用起来的，每一个有人气的活动都可以成为推广的战场。

如图 6-18 所示，是百度贴吧李毅吧举办的访谈直播活动，图中红线标注的是"首都网警"在推广自己的微信公众号，而在吧友讨论区，蓝线标注的是个人打出的广告，因为此类活动是实时举办的，百度系统暂时做不到对广告的实时屏蔽，所以让推广内容更容易展示。当然，由于不断刷新，因此需要推广者也要不断贴出推广的内容。

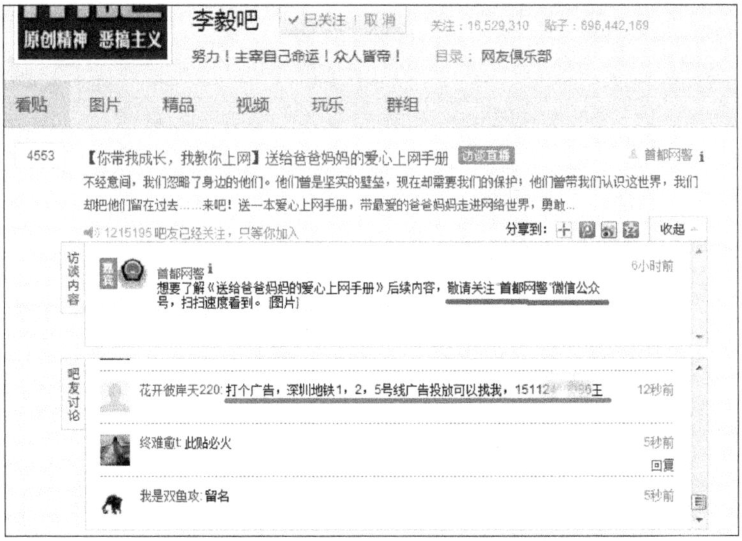

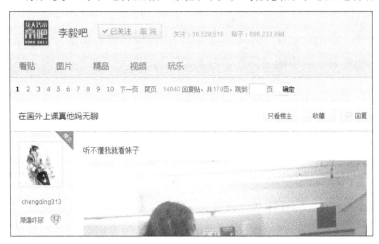

图 6-18

除了这种访谈类的活动之外，贴吧还有大量的热帖可以利用。

图 6-19 是李毅吧的一条热帖《在国外上课真他妈无聊》，截至目前共有 14040 条回复。对于这种热帖，我们可以在每层楼的评论区进行推广。

图 6-19

如图 6-20 所示是该热帖的第 2 楼，已经有 30 条对 2 楼内容的回复，因为 2 楼是帖子中最靠前的楼层，那么对 2 楼的回复，且前 5 条回复，基本上所有看到该热帖的网友都能够看到。因此，及时在热帖的 2 楼留下推广信息，是一个性价比非常高的推广方式。

图 6-20

6.2.3.4　贴吧推广要点四：制造热帖

在别人的热帖地盘上推广，始终有被删除屏蔽的可能性。而利用资源制造一个热帖可以让推广的把控性更强。

热帖为什么而热？

可以是引发集体回忆，如《属于 85~95 的孩子的记忆，已绝版》；可以是引发围观的个人经历直播，如《(直播+原创) 苏州厂男打工记》；可以是引发集体吐槽的社会现象，如《【全吧讨论】学车考驾照时遇到的奇葩事》；或者是无心插柳的《贾君鹏你妈妈喊你回家吃饭》。

当然，争议性的话题永远是最容易火起来的。很多网络推广人员，前期注册大量账号，然后开帖就某个话题展开了激烈的争论。例如"转基因"

"中医与西医哪个好？"等这种"月经帖"话题，永远吸引两边支持者的目光，运营者往往只需要用十几个账号互相攻击，就能把帖子点燃，就会有很多真实用户前来围观。帖子运营者通过不断更换马甲把控讨论方向，循序渐进地带出自己的推广目的。也可以直接在文章底部加上诱导关注的提示。

如图 6-21 所示是一篇介绍驾照考试可能新增科目五文章的末尾，在正文结束后，结尾加上了诱导用户关注微信号的图片和文字。可想而知，肯定会有好奇的网友会加上文章推广的微信号来查看答案，这也就达到了推广微信号的目的。

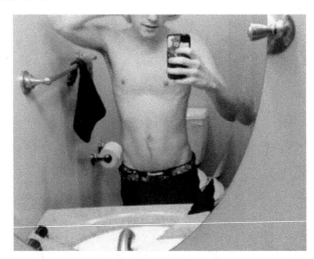

图 6-21

当然，这种文章甚至都不需要运营者自己原创，只是把热门文章复制到贴吧后，再加上这段推广内容。同时，这种推广方式是在微信外部进行的，也不会受到微信官方的管辖和干涉。

6.2.3.5　当上贴吧吧主

如果通过努力，当上某话题贴吧的吧主，那么能在百度贴吧获得更大的推广权限和资源，例如可以将帖子置顶等。

如图 6-22 所示，axure 吧是一款设计软件的贴吧，axure 是互联网产品经理常用的产品原型设计软件。在 axure 吧，吧主将课程内容发布后置顶，同时提供百度网盘下载。

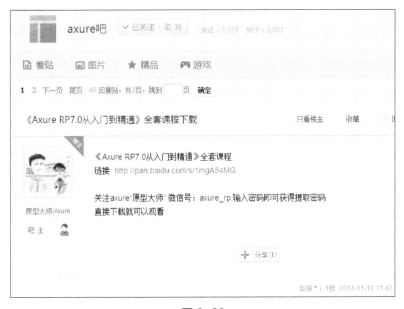

图 6-22

在这个过程中，需要用户关注微信号，然后才能获得百度网盘的下载提取密码。所以只要想获得这套课程的用户，都会关注这个微信号来获得提取密码。这也是非常讨巧的一种推广方式。

可以看出，贴吧推广是一项体力活，需要专人跟踪和维护，而话题类的贴吧对应话题类的微信公众号，因此话题类的公众号是可以花精力参与到贴吧推广之中的。我们也可以通过一些技术手段节省时间，网络上也不断有类似贴吧发帖机的外挂出现，如图6-23所示。

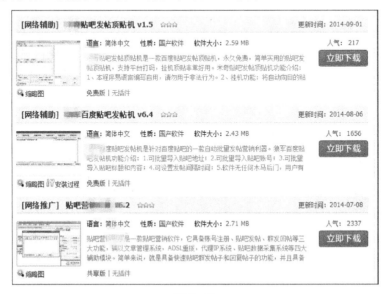

图6-23

总的来看，百度贴吧推广是互联网论坛推广的典型代表，大部分百度贴吧推广经验，都可以复制到各种论坛的推广之中，很多专业性论坛或地区类论坛，仍然是微信公众号推广的处女地，完全值得深度发掘。

除此之外，某些类型的微信公众号，也可以把贴吧作为一个沟通的场所，建立属于自己微信公众号的贴吧。还是那句话，只要条件允许，不要把所有的鸡蛋放在一个篮子里面。

6.2.4 利用百度知道推广

百度知道自2005年发布以来，一直在网络推广中占有重要地位，是百度主打产品之一，也是广大网络推广人员非常看重的一个推广平台。

利用百度知道做微信公众号推广，基本上是每个网络推广人员的必修课。与百度知道同类型的互联网产品还有腾讯问问、天涯问答、雅虎知识堂、搜狗问答、新浪爱问、奇虎问答、有问必答等，都是重要的网络推广阵地。这些问答类互联网产品的推广，与百度知道推广大同小异，因此学会百度知道的推广，就可以一通百通。此外，有些问答类产品，在成立初期急需问答内容的充实，往往对推广性质的自问自答睁一只眼闭一只眼，这也是微信运营者需要了解的一个点。

和论坛、贴吧等推广方式一样，在百度知道进行推广，首先还是要解决账号问题。推广的账号分成两种，一种是用暴力方式注册小号，疯狂地用机器等方式添加回答来推广。这种方式在百度知道审核不严的时期非常管用，有点类似互联网"站群"的推广方式，当然这种方式被删除回答的几率也很高，现在这种方式逐渐少见。

另一种方式就是慢慢地"养号"，回答者的等级越高，排名就越靠前。也可以申请加入"芝麻团""芝麻将"等专门的百度知道回答团队。甚至可以申请加入"知道行家"，获得更多的展现机会。

影响百度回答排名结果最多的因素就是回答者的好评率。好评率越高的回答者，问题被优先展示的机会就越高。对于微信公众号运营者来说，专注打造几个优质的百度知道账号，能够稳定地带来粉丝。

作为纯草根的操作方式，很多情况下可以采用自问自答的方式。例如在百度知道搜索关键词"微商怎么样"，前排出现了一个这样的答案，如图 6-24 所示。

原文地址：http://zhidao.baidu.com/question/135926994126383165.html?fr=iks&word=%CE%A2%C9%CC%D4%F5%C3%B4&ie=gbk。

从图中可以看出，回答者用图片的方式回答了提问者的问题，在图片上有要推广的微信号。这种以图片的方式推广微信号的做法，可以有效地避免被百度系统删除。

这个问题创建于 2014 年 11 月，在 2015 年 2 月被回答并采纳成最佳答

案，截至目前已经被浏览 636 次。更有意思的是，很多其他微信营销人员
对本条问答进行了二次营销，如图 6-25 所示。

图 6-24

图 6-25

在提问者和回答者双簧式的问答结束之后，其他微信营销人员对提问者的评价再进行评论。自然也不约而同地附上了自己的微信号。从文案水平上来看，第一条评论软文水平是最高的。

在万能的淘宝，搜索关键词"百度知道"（如图 6-26 所示），查看详情页对"百度知道"的推广介绍，也可以看到百度知道推广的种种门道。

图 6-26

总的来说，百度知道是一个非常接地气的推广渠道，在百度知道各个细分分类中都积累了大量问题需要解答，每天也有大量的新增问题需要得到解答。微信运营者可以根据自身的账号定位，专注某细分分类中问题的解答。

6.2.5 利用百度百科推广

百度百科是百度公司推出的一部内容开放、自由的网络百科全书平台，其测试版于 2006 年 4 月 20 日上线。类似百度百科的互联网产品还有维基百科、互动百科、360 百科和搜狗百科。从审核标准来看，百度百科最为严格，互动百科比较容易。从推广效果来看，百度百科效果是最佳的，一旦编辑的百度百科通过审核，大部分搜索引擎基本都会收录，尤其是在百度搜索结果里权重非常高。360百科需要目前4级以上用户才能编辑，不过从360的市场份额来看，360百科的编辑成本要比百度低。

在某些时间段，维基百科创建后的词条，会"自动"被其他百科产品创建，运营者仅仅需要修改格式即可。因此，先做维基百科，对创建其他百科有非常好的帮助。

哪些内容适合创建百科词条?可以基本分为以下几种。

- 人物类，如政治人物、实业人物、学者、演艺人物等。

- 实物类，如产品、设施、文物、现象等。

- 组织类，如企业、事业单位、社会团体、国家机构、学校等。

- 活动类，如娱乐活动、商业活动、公益活动等。

- 事件类，如赛事、会议、会议等。

- 地域类，如地点、营业场所、景点等。

- 概念类，如词语、定义、方法等。

- 作品类，如出版物、音乐作品、影视作品等。

- 特殊词条，包含学校、医院、化学品、化妆品、保健品、关键词等。

词条分类:

- 个人词条，包含网络歌手、平民英雄、作家、小说作者、模特等。

- 企业词条，包含产品、品牌、公司、网站等。

而这些词条里，可以用来做微信推广的有产品名称（如化妆品）、企业（如微商团队）、个人（如微商明星、自媒体等）。鉴于百度百科的相对权威性，可以有效提升相关词条的正式感。

6.2.6　利用视频打水印方式推广

在搜索引擎的搜索入口，视频搜索是一个重要的入口，如图 6-27 所示。

图 6-27

每天有大量的流量会搜索视频，百度会从各个视频网站上抓取内容显示给用户。每天会有大量用户搜索"如何谈恋爱""如何做面包""如何开车"等。我们可以利用这些关键词进行微信推广，方法如下。

第一步：制作视频资料。

寻找要推广内容的视频资料，可以通过购买、复制、甚至自己创作的方式录制视频。当然在条件允许的情况下，自制视频是最好的。

完整的视频做好之后，利用视频编辑软件，给视频打上推广的 QQ 或者微信水印。然后将视频切分成若干个小段。

第二步：上传视频。

将已经打上水印的小段视频上传到优酷、土豆、腾讯视频、爱奇艺等网站，如图 6-28 所示。

上传网站首选爱奇艺网站，因为爱奇艺是百度全资控股的视频网站，相对搜索出现的几率更高。

最后把全部完整视频上传到百度云盘等网盘，并加密。

图 6-28

第三步：保证沟通顺畅。

当用户通过搜索引擎搜索时，就有几率出现你上传的视频，如图 6-29 所示。

图 6-29

当用户看完你上传的小段视频之后，有需求的客户就会通过视频水印上的联系方式联系。

运营者可以引导用户关注自己的微信号，我们也可以通过设置公共自动回复功能，引导用户关注。当用户关注微信之后，再告诉用户如何获取下载或观看密码。

6.2.7　利用微信导航类网站推广

搜索关键词"微信导航"，出现大量导航类网站，提供微信公众账号、关键词、昵称、功能、二维码等一系列微信账号信息查询，如图 6-34 所示。在众多微信公众号里，也有专门的导航公众号。

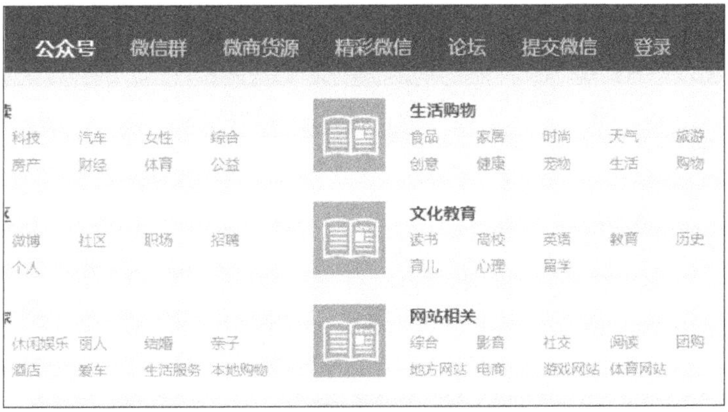

图 6-30

6.2.8　利用分类信息网站推广

58 同城、赶集网等分类信息网站，每天发布大量的信息，这些信息也可加入微信推广，如图 6-31 所示。

在这些分类信息网站上，每天有大量的浏览量，而且是免费发布。我们只需要把要推广的微信号发布在相关的领域。对于微商来说，如果是人人都能用的大众消费品，可以把内容发布在网站所有的领域。

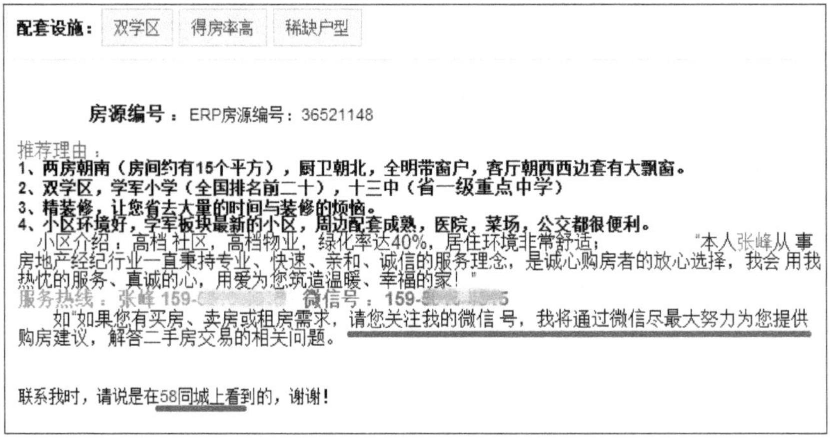

图 6-31

6.2.9 利用威客网站推广

在国内威客网站发布微信任务，如图 6-32 所示。

图 6-32

发布任务时，我们可以做出具体的要求，如图 6-33 所示。

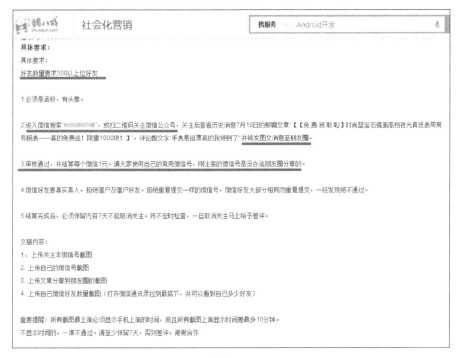

图 6-33

发布任务的要求可以很多，而结算价只需要 1 元，在威客发布任务是非常划算的推广方式。

6.2.10 利用软文标题关键词配合搜索引擎推广

在内容与定位的章节中，我们讲了软文如何编写。为了能让百度等搜索引擎更好地收录，软文的标题有时比文章内容还要重要。例如《2015 年全国最最热门的十大微信号》《我做微信发了大财》《三个不得不加的微信号》等。我们把编写好的软文可以发布到全网各大网站，甚至可以购买新闻版块当作推广，如图 6-34 所示。

当这些软文被读者阅读之后，所推广的微信号自然会有新增粉丝。

图 6-34

6.2.11 利用邮件推广

邮件推广 EDM 是也是一门"古老"的推广方式，但是依然是有效的推广方式。为了防止推广邮件被系统误判为垃圾邮件，首先确保推广的内容真的不是垃圾。其次最好寻找合适的服务商制作 EDM 并发送。我们可以在威客网站上寻找相关服务，如图 6-35 所示。

图 6-35

6.2.12　利用名人推荐和账号互推

2015 年 5 月微信官方已经禁止微信账号互推，违规者将受到处罚，不过如果微信大号或自媒体红人能顺嘴提一句你的微信号，那么粉丝肯定会暴涨。但是你用什么来交换到这种资源呢？往往是可遇不可求，可求却求不得。

不过，我们可以加入一些微信互推的 QQ 群，如图 6-36 所示。

图 6-36

在微信内互推是违规的，不过站外互推微信也管不到了。

6.2.13　利用整理资料推广

每天有大量用户从网络寻找资料，除了之前说过的视频学习资料之外，还有大量其他资料可以用来推广。我们可以收集整理例如《阿里巴巴服装行业货源联系方式》《全国旅游攻略》《100 本网络小说大合集》等，把整理过的资料上传到百度云等网盘分享，如图 6-37 所示。

图 6-37

只要在这些资料内标注加微信得到解压密码或者加微信看更多资料，自然就会有粉丝找上门来。而整理这些资料并打码也是一项需要耐心的工作。

6.2.14　利用淘宝评论推广

根据淘宝评论规则，长评论、二次评论和有图片的评论被看到的几率最高，微信运营者可以利用这一点推广自己的微信号，如图 6-38 所示。

图 6-38

6.3　微商个性推广

在 6.2 中我们介绍了公众号、自媒体、微商通用的推广和吸引粉丝方式。下面简单介绍几种微商常用的推广方式。

6.3.1　利用手机通讯录推广

当手机号与个人微信绑定时，微信会调用手机通讯录，为个人微信推荐已开通微信的好友。我们打开微信"新的朋友"，如图 6-39 所示。

点开左上角的"添加手机联系人"，此时可以看到在本手机通讯录中有哪些好友还没有添加到自己的微信中，如图 6-40 所示。

图 6-39

图 6-40

在图 6-40 中，我们看到联系人上有绿色"添加"按钮的用户就是已经在我们手机通讯录中且已开通微信的朋友，我们点"添加"按钮就可以加为好友。

所以，我们通过用软件把目标号码首先导入手机的通讯录，然后通过微信中的"查看手机通讯录"进行邀请和添加。

而在网络安全形势严峻的社会环境下，各种行业通讯录并不难找到。

随着微信管理得越来越严格，手机联系人导入如果是批量倒号码到通讯录，不显示"添加"按钮，只显示"邀请"按钮。

6.3.2 利用 QQ 好友导入

个人微信绑定 QQ 号后，还会关联 QQ 好友，打开微信"新的朋友"，如图 6-41 所示。

图 6-41

点击图 6-45 右上角的"添加 QQ 好友"，此时可以看到在本手机通讯录中有哪些 QQ 好友还没有添加到微信，类似于手机通讯录，如图 6-42 所示。

图 6-42

根据目前的微信系统测试，个人微信每天只能发送 30 个添加好友的申请。如果每天加 30 个 QQ 好友，那么一个月就有 900 个好友能够添加到微信。

6.3.3 让别人主动加你

微信每天限制最多被 500 个好友添加为微信好友。

要想被别人添加，首先要让别人认为添加你能够给他带来利益。利益又分物质利益和精神利益。物质利益就是从你身上能够挣到钱，也许仅仅只是可能挣到钱。而精神利益就是从你身上带来精神满足，例如苍井空有 1500 万微博粉丝，苍井空满足了粉丝的猎奇欲和窥私欲。

有的主动要发红包（图 6-43），有的主动要发资料（图 6-44）。

图 6-43

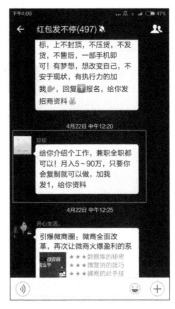

图 6-44

也有人伪装成新手微商求助，这也是一种加粉的好方法，如图 6-45 所示。

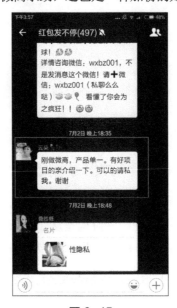

图 6-45

如果每天被 500 人添加，那么只需要 10 天，这个微信号就会被加满。为了让该微信号得到最大程度利用，我们需要及时删掉无效好友。

6.3.4　在其他社交软件上导流

除了大家耳熟能详的微信、陌陌等社交软件之外，还有很多不为大众所知的聊天软件被各种小众人群广泛使用，如图 6-46 所示。

在个性签名中挂上自己的微信号，可以有效吸引粉丝的关注。为了避免被该软件屏蔽，一般选择有其他近似字或微信的英文 Wechat 代替，如图 6-47 所示。

图 6-46

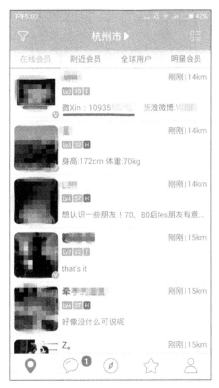

图 6-47

6.3.5 利用其他手机软件推广

在所有允许出现头像、昵称和评论的手机软件上推广自己的微信号，如图 6-48 所示为在炒股软件推广微信号。

图 6-48 中框线标注的是一个微信号，该微信推广者为了避免被系统屏蔽，用"威"字代替了微信的"微"字。

如图 6-49 所示是在糗事百科中的微信推广。画横线标注的是一个微信号，该微信推广者为了避免被系统屏蔽，用"薇"字代替了微信的"微"字。

图 6-48

图 6-49

由此可见，在数以万计的手机 APP 中，只要有开放用户评论的地方，都可以成为微信推广的渠道。

6.3.6 让人代发朋友圈

在微信中有人专门添加各种微信真实用户，积累足够的微信好友数量

之后,对外接广告发布,以转发广告主发布的内容到朋友圈为生,如图 6-50
所示。

图 6-50

在图 6-50 中我们看到,拥有 25000 个好友的微信号运营者(肯定不只
一个微信号,每个微信号上限 5000 好友),转发一条广告内容到自己的朋
友圈开价 280 元。

6.3.7 线上培训推广

利用微商渴望学习交流互相
打气等心理刚需,举办在线语言
培训,在朋友圈发布群二维码邀
请其他人进群。"允许"已进群
的学员邀请自己的好友进群,造
成滚雪球效应,在培训群内推广
自己,如图 6-51 所示。

而传播知识的本身,也是一
场自我推广的过程。

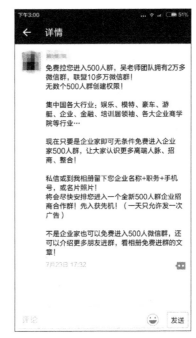

图 6-51

6.4 本章总结

三千大千世界，互联网之大远远超出了我们的想象。在本章我们总结了常见的一二十种网络推广方式，恐怕这也只是网络推广世界的冰山一角。

行大于知，哪怕只有一种方法运用得炉火纯青，也能获取大量的粉丝。

第7章
微信线下推广

"脚踏实地，仰望星空"，如果把线上推广当作星空，那么线下推广就是脚踏实地。

相对于线上推广，线下推广对于大部分互联网从业者来说相对陌生。因为互联网企业和员工习惯能在互联网上解决的事情就在互联网上解决。而线下市场，更多留给了传统企业。

而传统行业的线下推广，更多是建立在自己的业务通路基础之上，你在路边看到的百事可乐的小卖部招牌，在小饭店看到的加多宝点餐牌，在超市里看到的冰红茶试饮，都是有基础零售业态支撑的，让你看到就能买到，推广的目的是做到购买转换率的提升。

而微信地面推广的目的，就是加粉或巩固粉丝关系。因为微信地面单独推广的费用较高，所以微信地面推广更适合本地服务类型的公众号使用。如图 7-1 所示为本地公众号"重庆"协办的一场地面推广活动。

根据推广的渠道，我们把线下地面推广分成以下 8 种类型。

* 校园推广

* 写字楼推广

* 社区推广

* 商业卖场推广

- 特定场所推广（的士、机场携程）

- 粉丝活动

- 培训演讲推广

- 各种奇葩的推广方式

图 7-1

7.1 高校地面推广

从 2007 年开始，人人网（当时叫校内网）的校园大使在学校推广互联网产品，几乎是中国最早大规模在校园推广互联网产品的，在移动互联网还没有开始的年代，人人网在高校推广的成功几乎是空前的。

移动互联网时代，各种手机 APP 开始了校园推广，也催生出很多校园推广团队专门从事这方面的工作。在极端情况下，给一个 APP 激活的提成能到 15 元钱甚至更高。因为这些互联网公司既不 to B，也不 to C，直接是 to VC，所以才敢这么烧钱去玩。

适合高校推广的微信号一般以服务型的公众号为主，类型有送外卖、酒店打折等微信公众号，一般是以推广 APP 为主，辅助推广微信号。

在高校内的地面推广形式中，一般包括：

1）地面专题活动

在校内举办××微信创业大赛、××校园推广日等专题活动。

2）校园活动赞助

通过赞助校园迎新晚会等校内活动，推广微信。例如可以设置微信扫码优先入场、加微信抽奖等活动推广微信号。

3）摆摊扫码推广

在校园内摆摊设点，利用小礼品吸引同学们参与微信扫码。

4）扫楼推广

一个寝室一个寝室地扫楼推广，覆盖率最高。

5）院系合作推广

与对口院系展开长期合作推广、交换就业机会等方式合作。

6）讲座推广

在学校举办主题讲座，吸引学生参与。

7）校内商家合作推广

利用校内商家资源和场地，做活动推广微信号。

8）校内刷墙推广

把高校能粘贴广告的地方都贴上，不能张贴广告的地方也贴上，如图7-2 所示为作者为某饮料在四川美术学院做的涂鸦推广。

图 7-2

以上推广方式，微信推广人员最好通过与校内人员合作的方式，再开展活动。高校内也有多条渠道能够迅速打开推广局面。

1）校团委等学校行政机构

作为学校官方机构，保证安全不出事是第一要务，因此沟通起来相对保守，不过动员能力强，做事比较谨慎，以公益名义合作成功率较高，当然，费用也较高，做事的时候还是让学生会去执行。

2）校学生会

校学生会是一个半官方机构，成员由各院系学生组成，因此协调动员能力一般，甚至不如一些强势院系的学生会，费用也较高。

很多互联网公司仅与上述学校机构打交道，殊不知学校内部还有很多渠道可以实现地面推广，同时能够节约大量经费。

3）学校各类协会

高校内的大部分社团经费都是比较紧张，所以对于主动找上门来要求合作推广微信的事，这些社团一般都能接受合作，只是推广能力看具体情况。

4）各院系的团委/学生会

大部分学校的院系团委和院系学生会都是一套人马，强势院系的团委和学生会力量是惊人的，要推广微信能够覆盖本院系 85%以上的学生，缺点是该院系的推广只能覆盖本院系。

5）各种野路子校园创业团队

正因为是学生创业团队，所以没有那么多约束条件，在正式组织做不到或者不屑于去做的推广活动中，各种野路子团队反而能够放开手脚去做推广，价格更加合理。

以上是学生组织的推广团队，当然学校就是一个小社会，只要经费到位，还有很多意想不到的推广渠道。

6）学校后勤处

学校后勤处听上去不大，管的事情可不少。例如你在学校食堂里面摆个摊推广微信号，每天吃饭时间都会爆发巨大的人流。后勤处对学生宿舍情况也了如指掌，对校内各种广告也有一定的审核权，是一个非常好的长期合作渠道。

7）学校内部超市

学校内部超市大都由校内人士参与经营，很多情况下以超市做活动的名义批准场地推广微信，费用非常低廉。

8）学校内其他商家

每所学校都会有一条校内商业街，商业街的店铺都出租给承包人，如果你和某家店铺经营者谈好，那么摆摊推广微信也是可以的。

9）学校物业

物业公司一般是学校外聘的服务机构，不过也有校园活动的劝导权。只要物业保安不去阻拦你，那么你可以选择很多地方摆摊设点来推广微信。

7.2　写字楼地面推广

写字楼的电梯间广告早已造就了像分众传媒这样的多家上市公司。写字楼的广告也烧掉了很多互联网公司的推广经费。可是由于电梯的封闭性，导致手机信号不佳，所以电梯间广告的二维码很难扫出来，而且拿出手机在拥挤的电梯间对着广告扫一扫这种场景发生的几率确实不多见。然而这已经是最省钱的写字楼推广方式了，写字楼地面推广极其烧钱，且转换率一般。基于本地的本地公众号很少有财力能够进行扫楼推广，而土豪公司更愿意推广自己的手机 APP 而不仅仅是微信号。例如携程的单个用户的平均消费金额超过 4000 块钱，通过地推拉到一个用户也能产生这么大的流水，这样的流水才能满足地面推广的成本。

不过，随着微信的平台性越来越高，写字楼推广微信活动会慢慢增多。

7.2.1　合作推广

对于在大量白领聚集的写字楼进行推广，各种信用卡推广团队可以说是写字楼推广的佼佼者。所以微信写字楼推广，最简单的方式就是直接和本地信用卡推广团队或个人合作。当信用卡推广成功之后，再让客户加一个微信可以说是举手之劳。只要不影响信用卡推广主业，大部分信用卡人员是乐于接受合作的，毕竟有一笔额外的收入。

合作推广，可以为公众号号主节约大量的物力和人力，只需要设置好合理的验证机制，例如加关注后截图等方式，就能借助现有其他行业成熟团队的力量进行推广。

7.2.2 扫楼扫街推广

在校园扫寝室楼可以利用学生团队进行推广，而写字楼扫楼扫街，则需要建立专门的团队，需要专门的前期培训，底薪至少80元一天，另加提成，且扫楼团队人员多以兼职为主，流动率较高。

如图7-3所示的职位信息就是对专门微信地面推广人员的要求，主要在商场及周边扫街推广微信。

职位信息						
发布日期:	2015-07-09	工作地点:	北京-朝阳区		招聘人数:	若干
工作年限:	在读学生	学　历:	大专			

[职位标签] 兼职 地面推广 微信推广
[职位职能] 兼职 大学/大专应届毕业生
[职位描述]
[工作时间] 周六、周日（至少1天）9：00起，具体根据市场安排，每日8小时
[工作内容] 指定地点，让用户用微信扫描二维码加关注，送礼物。主要是推广我们的微信公众帐号，×××京周末安排
[任职要求]
1、男女不限，身高155以上，普通话标准，年龄在18-35岁之间，熟练使用智能手机
2、有微信推广，促销，会展，发传单，销售经验人员优先考虑，工作认真，踏实肯干

[面试地点] 北京市朝阳区东三环亮马河×××，面试需电话预约时间
[面试流程] 负责人直接面试，无需复试

[薪资待遇] 周结，工资=底薪+提成=100+N(>100个，1元/个)；工作不卖力者直接取消兼职资格。做的好的，有机会转正成为公司正式员工

[工作地点]
朝阳：朝阳大悦城，朝阳公园，颐堤港，比如世界，阿尔法泡泡馆，君澜小勺子；
海淀：莫莉幻想；
西城：儿童中心剧院；工作地点不定期添加

图7-3

而最快的扫楼扫街方式就是挨家挨户发传单，不求质量但求数量，那么这又需要考验传单的设计和文案能力。

7.2.3 设点推广

与写字楼物业合作，可以在写字楼大厅设摊推广。很多物业公司会管理服务几栋甚至几十栋写字楼，一次性谈完之后沟通成本最低。

7.2.4 写字楼停车场推广

与写字楼停车场的停车管理员合作，在车辆缴费的时候，停车管理员顺手递上微信推广的传单，汽车类微信公众号适用。

7.2.5 与写字楼周边商业机构合作推广

在难以与物业公司达成沟通一致的情况下，我们可以与写字楼周边的商铺合作，无论是便利店还是外卖餐饮店，顺手夹一张微信推广的传单给消费者也是举手之劳。甚至直接在打印的小票上多加一个你的二维码，对于这些商铺来说也是零成本的。

7.3 社区推广

基于社区的特征，社区内微信推广适合母婴类、生鲜类、小区生活类等微信公众号。在老式小区，也可以通过扫楼发传单推广。

7.3.1 社区摆摊推广

常见的地面社区推广方式还是摆摊推广，需要提前和物业打好招呼，或者与周边商铺合作推广，一般通过领取小礼品诱导用户参与。

7.3.2 寻找社区的意见领袖

互联网公司的活动推广喜欢找意见领袖（Key Opinion Leader，KOL），
那么谁是社区的意见领袖呢？

其实就是社区的广场舞的组织者大妈。微信的普及性，让广场舞大妈
都能长期使用。而且通过与广场舞大妈沟通，甚至能够推进微信号功能体
验上的改进。

7.4 商业卖场推广

类似万达广场的 SHOPPING MALL 集聚了大量年轻人，除去前文说过
的摆摊推广、商铺合作推广、扫街推广之外，常见的卖场推广方式是通过
微信打印机加粉后免费打印照片。

在淘宝上搜索关键词"微信打印机"，如图 7-4 所示，机器价格少则几
百多则几千，算是一笔固定资产投入。

图 7-4

微信打印机的投放需要和商场沟通达成一致，努力成为商场吸引留住客户的一种小小的方式。

而把微信推广植入商场的大型活动、采用抽奖等方式，也能获取大量粉丝关注。

7.5　特定场所推广

在机场、酒店、的士司机定点吃饭的饭店等特定场所，都是相关微信推广的优质渠道。携程通过在机场酒店强力推广积累了海量用户，滴滴打车通过在出租车司机定点的小饭店及各种机场酒店的司机聚集点播散了种子用户。

在《滴滴打车初期推广全记录》中，记录了线下推广的艰辛。

首都机场附近的北皋是出租车司机聚集点，滴滴地推团队在那里摆桌子设点，第一天就被城管给赶走了。吴睿说："城管三天两头来找麻烦，我们不断跟管理部门解释，我们是要解决出租车降低空驶率，提高运营效率的，管理部门也会想对他有什么好处呢？你能够给我带来什么？ 按照他的规定缴纳一部分费用，让他来认可年轻人创业的主意，支持我们。"

在北京西客站，滴滴打车花了 3000 元租了一小块地方做站点，出租车一般地慢慢驶过，司机不能长时间停留。地推带着笔记本电脑冲上去，敲着玻璃窗，问："师傅，你有智能手机吗？"司机说："没有、没有。"地推就塞一张传单进去，有智能手机就打这个电话给我，我帮你装叫车软件。有智能手机的，就直接从笔记本里拷贝安装包，用户名就是司机的手机号，密码是原始密码，让司机照着传单上的步骤回家学。

安装一次需要三五分钟。不能再久了，否则西客站和司机都不满。在刺骨的过堂风里，穿着军大衣、戴着手套帽子的地推们，像筛子一样将面前每一辆出租车筛一遍。一天下来，小伙子也会感冒发烧，那时候人少，还没有能够代班的，带病上岗。一个寒冷的冬天，在西客站，滴滴打车安

装了一万个司机端。"我们是靠着小米加步枪，一点一点地顽强地生存下
来的。"程维说。

7.6 粉丝线下活动

主办一场单纯的粉丝聚会，是一项成本相对较高的推广活动。因为场
地租赁、现场设计、主持人、人员安排等都需要统筹规划。好在微信运营
者可以通过"志愿者"的形式利用铁杆粉丝节约部分经费。

粉丝线下活动的好处主要有：

- 通过活动拉近运营者和粉丝之间的距离，进一步产生真实感和信任感。

- 通过活动制造新的话题进行二次传播。

- 通过活动赋予粉丝更多的归属感和荣誉感。

如图 7-5 所示就是一场自媒体粉丝活动的预告。

图 7-5

7.7 通过培训演讲和媒体采访推广

稍有成绩的微信运营者可以参加各种论坛，通过论坛演讲的形式传播自己推广的微信号。如图 7-6 所示为本文作者在某次论坛讲课。

图 7-6

微信运营者也应该和传统媒体保持联系，利用现有传统媒体推广自己。如图 7-7 所示为本书作者接受新华社采访。

图 7-7

传统媒体拥有海量的读者群体，与传统媒体保持良好的关系可以为微信推广带来巨大的便利。

7.8　各种奇葩的推广方式

7.8.1　模仿宾馆小卡片

经常住快捷宾馆的人都有门缝被塞小广告的体验，而有人居然想出把微信二维码推广也印刷成类似的小广告，如图 7-8 所示。

图 7-8

该小卡片用美女照片吸引眼球，同时微信号和二维码齐全，引诱用户加好友。据传，每天雇人在快捷宾馆发该微信推广卡片，转换率非常高，最大的成本是人力发放成本。

7.8.2　厕所内推广

在公共厕所中，可以经常看到一些制药企业贴出的推广广告，如图 7-9 所示。

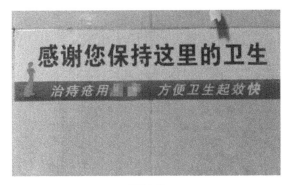

图 7-9

前面在宾馆推广微信用的小卡片，可以用背贴印刷，这样可以撕开直接贴在厕所的门上。而且位置一定要是人蹲下拿起手机能够直接扫描的位置。

汽车站、火车站等公共场所的厕所，每天会有大量的自然流量，能够带来大量的关注好友，而厕所内推广唯一的问题就是很多厕所手机信号太差，导致扫描二维码和加微信显示不出结果。

不过这种擦边球类型的推广方式，无疑会加重清洁人员的工作难度，仅供各位读者了解。

7.9　本章总结

与线上推广费尽心思花样百出相比，线下推广更多还需要大量的人力物力去执行推广目标，成本也相对更高。而千里之行始于足下，二三十年前在电线杆上刷老中医广告的营销先行者们，如今不少已经是民营医院的掌舵人。无论哪个时代，"一分耕耘一分收获"永远是不变的。

博文视点精品图书展台

专业典藏

移动开发

大数据 · 云计算 · 物联网

数据库　　　　　　　　　　Web开发

程序设计　　　　　　　　　软件工程

办公精品　　　　　　　　　网络营销

博文视点好书重磅推荐